本书系 2018 年度国家社会科学基金重大项目（18ZDA044）
2020 年度河北省科技厅软科学课题（20557017D） 阶段性成果
受河北经贸大学 2020 年度科研培育项目资金支持

中国自贸试验区的实践与探索

武义青　刘海云　李　清 等◎编著

Practice and Exploration of
China's Pilot Free Trade Zone

CHINA
FTZ

经济日报出版社
北　京

图书在版编目（CIP）数据

中国自贸试验区的实践与探索 / 武义青等编著 . --
北京 : 经济日报出版社 , 2021.6（2025.8 重印）
ISBN 978-7-5196-0785-2

Ⅰ . ①中… Ⅱ . ①武… Ⅲ . ①自由贸易区—研究—中
国 Ⅳ . ① F752

中国版本图书馆 CIP 数据核字 (2021) 第 109340 号

中国自贸试验区的实践与探索
ZHONGGUO ZIMAO SHIYANQU DE SHIJIAN YU TANSUO
武义青　刘海云　李　清　等　编著

出版发行：经济日报出版社
地　　址：北京市西城区白纸坊东街 2 号院 6 号楼
邮　　编：100054
经　　销：全国各地新华书店
印　　刷：北京天宇星印刷厂
开　　本：710mm × 1000mm　1/16
印　　张：15.75
字　　数：243 千字
版　　次：2021 年 7 月第 1 版
印　　次：2025 年 8 月第 2 次
定　　价：52.00 元

本社网址：www. edpbook. com. cn，微信公众号：经济日报出版社

序　言

自2013年我国第一家上海自贸试验区挂牌成立至今，我国自贸试验区已扩容至21个，逐渐形成由沿海向内地延伸覆盖的格局。这些自贸试验区建设因区位优势与自身发展的独特性，均肩负着各自的“特殊使命”。自贸试验区在扎实推进“一带一路”建设、加快我国贸易强国建设、改善外商投资环境、优化区域开放布局、创新对外投资合作方式、促进贸易和投资自由化便利化等方面提供了有力支持。从实践中可以看出，我国赋予自贸试验区不同的任务，有助于开展差异化改革试点、形成更多的经验成果，将自贸试验区建设成为新时代改革开放的新高地。

到目前为止，我国自贸试验区战略就像下围棋一样，从最初零散的几颗棋子，到分别连成一片，初见规模，助力中国经济发展的这盘大棋。我国自贸试验区不断扩容，既有内部原因，也有外部原因。内部原因主要在于，随着中国改革开放进程不断深入，改革进入深水区，经济发展的区域差异、阶层收入差距开始增大，部分产业出现了产能过剩、能源紧张，甚至造成生态破坏与环境污染。原有依靠出口拉动的增长模式难以为继，经济转型压力剧增。借鉴前期以开放促改革的做法，再次借助外力倒逼国内改革，从而推行以制度创新、制度供给为核心使命的“自贸试验区”。它是新时期对外扩大开放、对内全面深化改革，开放与改革双轮驱动的试验田。 外部原因主要在于，近十几年来，以WTO为代表的国际多边贸易体制陷入困境，区域经济一体化大有取而代之之势。区域主义的发展主要由美国推动，如美国与欧盟进行的TTIP（跨大西洋贸易与投资伙伴协定）谈判、与日本等11个国家的TPP（跨太平洋伙伴关系协定）谈判，都将中国排除在外。并且，这些协定的自由化程度远高于以WTO为代表的多边贸易自由化程度。与此同时，全球投资规则谈判成为主流。如当时正在进行的中美BIT谈判，谈判目标从关境外向关境内转移、从关税等问题转移到国内投资准入等规则。在这种投资贸易竞争新格局下，为了试验我们经济的承压能力，与国际投资、贸易通行规则相衔接，2013年9月29日，我们设立了中国第一个自贸试验区。它既是新规则的“试验田”，也是失败的“容忍区”。

现在，我国经济已由高速增长阶段转向高质量发展阶段。自贸试验区建设由点到面的发展形势，实际上与国家战略紧密接轨，并有利于创新驱动、开放引领、新旧动能转换等经济目标的实现。自由贸易试验区不是传统意义上的开发区、经济特区的升级版，也不是海关特殊监管区或保税区的升级版，而是集金融、投资、贸易、科创等领域的开放与创新于一体的综合改革区，是全面对标国际通行规则、全面检验综合监管能力的压力测试区，也是全面提升治理能力、彻底改变行政理念、大幅提高行政效率的政府再造区。因此，其对于所在城市的影响也是显而易见的，能够促进城市的改革发展与产业提升。实践表明，自贸试验区建设与普通群众的生产和生活也密切相关，人们可以利用跨境电子商务平台网上购物，足不出户便可实现境外购物，且贸易更自由、价格更便宜。除此之外，还可以通过区内运行设立外商独资医疗机构，建立国际标准医院，开展健康检查、慢病治疗康复、养生保健、整形美容、先进医疗技术研发等项目，提供国际先进的医疗服务。自贸试验区允许在区内注册符合条件的中外合资旅行社，普通群众出境旅游更加便利。按自贸区服务业扩大开放的措施，“允许设立中外合资人才中介机构”“允许港澳服务提供者设立独资人才中介机构”。通常，这些人才中介机构在境外拥有大量资源，其入驻自贸试验区，意味着外资企业在内地招聘更加便利。随着跨国企业、高新企业不断进驻，对高层次、国际化人才的需求将进一步加大。不管是就业还是创业，自贸试验区都有望成为年轻人的梦想实现地。

恰逢《中国自贸试验区的实践与探索》出版之际，本书呈现的实践性和综合性内容非常可贵。期待涌现更多的有关自贸试验区的研究与制度创新，也期待自贸试验区能够发挥更大作用，充分促进我国经济实现以“内循环”支撑“外循环”，以“外循环”带动“内循环”。

2021年5月

前　言

从2013年8月，国务院批准设立中国第一个自贸试验区——中国（上海）自由贸易试验区开始，截至目前，我国已经成立21个国家级自贸试验区，包括10个沿海自贸试验区、8个内陆自贸试验区和3个沿边自贸试验区。在七年自贸试验区的实践与探索中，我国自贸试验区建设基本完成了“由点到线、由线及面”的全方位布局，构建起“东中西协调、南北兼顾、江海陆边联动”的对外开放新格局。我国自贸试验区承担着“为国家试制度”的责任，在引领我国对外开放和深化改革方面发挥了重要作用：为促进贸易和投资便利化进行了一系列管理模式创新；在金融领域针对投融资汇兑便利化开展了诸多探索；向全国复制推广了一大批改革创新经验；为推动重大国家战略落地、促进区域协调发展提供了重要支持。

在当前复杂多变的国际形势背景下，作为连接国外、国内两个市场的重要载体和平台的自贸试验区，在双循环格局之下必然会扮演重要的角色。如何充分总结自贸试验区经验，充分发挥自贸试验区的作用，实现以“内循环”支撑“外循环”，以“外循环”带动“内循环”，都是迫切需要解决的问题。基于此，本书编委会着手编写了此书。本书的特点在于在简单阐述自贸试验区相关概念的基础上，全面总结了国内外自贸试验区的成熟做法，特别是对我国自贸试验区的制度创新从营商环境、金融制度、财税制度、招商引资、人才制度等五个方面进行了全面梳理，以期能够为自贸试验区的工作人员或者管理人员提供具体的工作指导或者借鉴。另外本书也可以作为国贸相关专业学生参考书目，也可以为希望了解自贸试验区的相关人员提供一定参考。

本书全书由武义青研究员总体设计并统稿，由刘海云、李清教授负责校对和审稿。全书具体分工如下：第一章、第二章由刘海云教授和张彦丽共同编写，第三章由李清教授、贾亚飞、张宇航共同编写。第四章由李清教授、尚沛江、姜菲亚共同编写，第五章由赵红霞教授编写，第六章由李建英教授和战爽共同编写，第七章由耿辉建编写，第八章由张彦丽编写，第九章由张金哲编写，第十章由刘海云教授编写。

本书在出版过程中得到了河北经贸大学2020年科研培育项目的资金支持，在此表示感谢。本书也是2018年度国家社会科学基金重大项目（批准号18ZDA044)和河北省科技厅2020年度软科学课题（课题号20557017D）的阶段性成果。本书在编写过程中，得到了天津师范大学孟广文教授的大力支持，在百忙之中审阅了书稿，并给予技术指导。本书的出版得到了经济日报出版社黄芳芳、王浩宇两位编辑的帮助。本书在编写过程中也参考了许多专家的研究成果。在此，一并表示感谢！特别感谢商务部原副部长姜增伟先生欣然为本书做序，给予指导。因水平所限，编写过程中难免存在不足之处，敬请广大读者批评指正。

作者

2021年1月15日

目　录

第一章

自由贸易试验区理论基础

第一节　自由贸易试验区概述

一、自由贸易试验区的概念

根据商务部与海关总署《关于规范“自由贸易区”的函》对规范使用自由贸易区（FTA）和自由贸易园区（FTZ）名称的要求，结合联合国亚太经社委员会关于自由贸易区的有关报告，以及国内研究者和相关机构的观点阐述了相关概念。

（一）自由贸易区

各国对自由贸易区的称呼有所不同，但它们共同的特点就是界线隔离明确、紧靠港口或机场、受海关治外法权保护的一个岸上飞地，并且在自由贸易区内可从事经自由贸易区法特别立法批准的各种商贸和工业经营活动。这些活动一般包括仓储、贸易、加工等，但随着自由贸易区活动功能和享有海关特殊监管的范围不断拓展，也逐渐增加了生产、销售、展览等功能，其选址也注重与海港或空港的联动。

（二）自由港

自由港是指一个国家海关监管范围以外的港口城市，外国船只可以自由地进出，外国货物可以豁免关税，而且货物的储存、分装、加工或转运其他国家均不受海关一般监管。与自由贸易区相比，自由港有两个明显的特点，分别是免受海关一般监管的区域更广和获得“自由”的范围更广。因此，自由港可以被认为是自由开放程度最高、开放范围最广的海关特殊监管区。根据海关豁免的范围，自由港可以分为有限自由港和完全自由港。前者是对少数特定进出口货物征收关税，后者是指对外国货物一律免税。

（三）自由贸易港区

自由贸易港区是我国台湾省提出的一个概念，其内涵可以理解为与自由贸易区、自由港和港口相关的一个特定概念。我国台湾省制定的《自由贸易港区设置管理条例》中对自由贸易港区在空间范围和功能方面做出了定义。自由贸易港区是特殊的自由贸易区或特殊的自由港，设在港口或港口附近的自由贸易区，但又不覆盖整个港口城市，因此它又是狭义或局部的自由港。

综上所述，世界各类自由贸易区是在“自由区”（又称“飞地”）概念的基础上发展起来的一类受海关特殊监管的经济区。虽然设立的背景、适用的名称、具体的功能及管理运作方式等不完全相同，但其本质特点都是享有海关治外法权、倡导经济自由。

二、中国对于自由贸易试验区的定性

海关总署在2008年已经发函表明了中国自贸区的定位是属于“自由贸易园区”（简称为FTZ），是实施优惠税收与通关政策的特殊国内经济贸易区。自贸区既不属于双边或多边国际贸易条约下或区域经济一体组织框架下的自由贸易区，也不属于《京都公约》中的“自由区”，而是我国单方自主设立的国内特殊经济贸易区。据此，我国自贸区属于准“境内关外”。

中国自贸区沿用了“自由贸易区”的概念，但其内涵与国际流行的自由贸易区存在区别。中国自贸区和世界典型自贸区相比：（1）目标不同，即典型自贸区的设立主要是为了促进贸易与经济增长，而中国自贸区更大的作用是作为促进改革开放与自主创新的实验平台；（2）自由度不同，即中国自贸区目前实施积极可控的服务业开放，投资、金融、经营、人员流动等方面较之典型自贸区自由度低；（3）海关监管不同，即和典型自贸区境内关外监管方式不同，中国自贸区实施的是海关特殊监管政策，只在局部地区实施“准境内关外”海关监管；（4）产业结构不同，即和典型自贸区以服务业为主的产业结构不同，中国自贸区产业结构中往往包含较高比例的加工制造业。

由此可见中国的自贸试验区是我国自主在境内设立的特殊经济区域，主要目的是以制度创新为核心，以可复制可推广为基本要求，在加快政府职能转变、探索体制机制创新、促进投资贸易便利化等方面进行先行先试，为全面深化改革和扩大开放探索新途径、积累新经验。其本质上属于园区经济。园区经济是我国改革开放发展的一大特色，自贸试验区是新时代我国园区经济模式的再创新。其中，自由贸易区定义多种多样，但以经济利益为主的目标，贸易、投资、金融、经营及人员进出等自由的政策，境内关外的海关监管模式以及以物流、贸易和金融等服务业为主的产业结构是其核心内容。与世界典型自贸区不同的是，中国自由贸易试验区自由化程度较低，目标多元，是一种准自贸区，因此，需要进一步改革开放，向自贸区转型发展。从中国各类型自由经济区发展的角度看，自贸试验区更像第二代经济特区，或经济特区2.0版。首先，中国自贸试验区和经济特区一样，主要功能是为中国改革开放政策提供试验平台与经验，只不过当年经济特区解决的是中国改革开放初期计划经济向市场经济转轨和制造业开放的试验问题，当前自贸试验区解决的是完善市场经济和服务业开放的深层次问题。第二，只实行特殊海关监管政策，都包含保税区。第三，以制造业为主，服务业为辅，是对多元化产业结构的一种制度创新。

第二节 自由贸易试验区的特点

一、注重区港结合

所谓区港结合，是指在地理位置上既包括港口，又包括与港口相连接的若干面积陆地区域。单一的港口或陆地无法同时实现货物的国际采购、存储、分销、配送以及产品的展览、加工、制造、组装等多项功能，因此，区港结合的区域更适合发挥自由贸易园区的综合功能。

二、采取激励性的优惠政策

为吸引外资企业到自由贸易园区投资，设区国政府往往会给投资企业提供具有激励性的政策优惠。在园区内的关税视同境外，在进出口通关方面给予便利、财政金融优惠措施、减免所得税、园区内组装或者加工制造的商品可以免缴相应的增值税等。同时，园区还实行宽松的信贷政策，外汇可以自由兑换，资金可以自由出入境。

三、基础设施优越

自由贸易园区内拥有优越的基础设施和高质量的服务，例如交通、产品生产加工场所、物流仓储、公共服务部门、金融服务部门、公司办公场所等。园区内建设有生产区、加工组装区、商品展示区、保税仓库区，并设有自动化控制中心调控园区的营运过程。优越的基础设施保证了国际商品流通从运入、储存、加工到交易、输出全过程的顺利进行。

四、具备较高的经济自由度

在自由贸易园区范围内，货物的流转、金融市场的运作和进出口管制可以享有充分的自由，具体体现在以下几个方面：一是货物流动自由，园区内不设立关税壁垒，只要货物满足国际惯常的要求，其进出园区都不会遇到阻碍；二是贸易投资自由，自贸试验区内的企业一般不会遇到投资准入的限制，行业限制不会因国别不同而不同，企业在生产、加工和日常经营方面均比较自由；三是金融自由，园区内实施货币自由兑换，资本自由流动，外汇管理开放等政策。

五、具有产业的集聚性和辐射功能

在自由贸易园区建设初期，各类生产要素不断汇集园区核心区域，当核心区域的产业发展到一定的规模时，核心产业会带动周边相应产业链的不断延伸，进而促进周边地区经济的发展。这种空间上的互动，既可以实现资源的共享，又可以促进技术向周边的扩散，提高了自由贸易园区整体的技术水平，有利于园区创新性社会知识资本的积累。

第三节 自由贸易试验区的分类

一、从覆盖区域来看

可以把自贸区分为两种类型:

完全型自由贸易区，把自贸区所在口岸的城市全部划为自由贸易区，如中国香港完全型自由贸易区，除了个别商品外，绝大多数商品可以自由进出，免征关税，并允许任何外资在此兴办工厂或企业。

不完全型自由贸易区。把自贸区所在口岸城市一部分划为自由贸易区，如汉堡对于此类区域，只有将外国商品运入这一区域，才能享有免税等优惠待遇，并不受海关监督。

二、从功能定位来看

自由贸易区分为以下几种类型:

自由港型，主要从事国际贸易中的转口贸易、出口加工物流方面的活动。对在规定的自由港范围内进口的外国商品，无论是供当地消费或是转口输出，原则上都不征收关税，如中国香港，新加坡等自贸区。

转口集散型。在此种自贸区域内可以从事港口装卸货物、出运货物、商业性加工和货物转运活动。这类自贸区主要是利用区位优势进行集散、转运，如汉堡、不来梅、巴塞罗那等自贸区。

贸工型。在此类自贸区内既可以从事国际贸易买卖活动，又可以进行简单的加工和制造，集加工贸易与转口贸易于一身，如菲律宾马里莱斯、土耳其伊斯坦布尔等自贸区。

出口加工型。这类自贸区以出口加工为主，辅之以国际贸易转运服务功能，即加工为主，贸易为辅，如菲律宾、中国台湾省等亚太地区的出口加工区。

保税仓库型。这类区域一般只能进行包装、分级、挑选、抽样、混合处理货物。进入此类特殊地区一般不需要办理进口手续，可连续长时间处于保税状态。这类自贸区以欧洲居多，如意大利罗马免税仓库等。

商业零售型。此类自贸区一般只能从事商品展示和零售业务，不能从事生产、加工等活动。一般区域内专门设有商业区，从事商品零售，如智利伊基克自由贸易区。

三、中国境内自贸试验区的分类

目前国内的自贸试验区总体上可分为中心型、园区型和枢纽型。中心型自贸试验区是承载全球城市核心功能的重要载体，也是率先探索建设国际自贸城区、国际交往中心的重要空间，如陆家嘴、前海蛇口和横琴新区等，发展重点是强化金融商务、科技创新、国际交往等高端服务功能，构建面向全球城市的高端要素配置平台。园区型自贸试验区是区域担当战略性新兴产业和科技自主创新的主战场，如重庆两江片区、天津机场片区和河北正定片区等，发展重点主要是强化实体经济及高技术产业发展，以科技创新促进研发与制造业的联动发展，引领带动区域产业升级。枢纽型自贸试验区往往是在原有保税区、综合保税区基础上建立的，是探索建设自贸港的重要空间，发展重点是依托口岸实体要素的集聚与流通，打通内外贸易市场，强化保税贸易服务功能，搭建期现货交易及跨境电商等交易平台，通过平台赋能撬动区域生产服务升级，如海南自由贸易港。

第四节　自由贸易试验区的功能

一、功能定位

自贸试验区的提出与全球化和世界地缘经济格局变动息息相关。面对全球化驱动力不足与高不确定性后危机时期的世界产业分工重构，国际投资、贸易、产业的空间组织模式快速变化，自贸试验区作为我国高水平开放的节点和高质量发展的场所，兼具枢纽价值和功能价值。枢纽价值反映在自贸试验区作为全球化物流、商流、人流、资金流、信息流、技术流等开放型经济要素流和产品流聚散点、交汇点的“内聚外联、连线结网”作用，功能价值反映在自贸试验区作为区域乃至全国新时代增长极、中心地的“发展引领、辐射带动”作用。

根据总体方案中各自贸试验区的目标定位及承担使命，可将我国自贸试验区划分为全球竞合型、国际影响型、国家拉动型、区域辐射型与特殊战略型五类。全球竞合型自贸试验区指面向全球投资、贸易、产业经济乃至社会文化事务，代表国家参与全球竞争与合作的自贸试验区，其必须有可依托的全球城市或世界城市，如上海；国际影响型自贸试验区指面向国际性区域投资、贸易和产业开放合作，拥有国际化因素并具有国际影响力的自贸试验区，如广东；国家拉动型自贸试验区指依托国家中心城市和城镇群，服务国家总体战略，撬动全国高水平开放和高质量发展的自贸试验区，如江苏；区域辐射型自贸试验区是指依托区域中心城市和城镇群，服务国家区域战略，带动腹地区域开放发展的自贸试验区，如辽宁；特殊战略型自贸试验区指面向新兴创新经济、专项国际标准、国家安全等国家特殊战略需求，依托口岸、综保区、机场、海港、河港和无水港、岛屿等发展的自贸试验区，如海南。

二、功能体系

功能多元化和综合化是自贸试验区发展的趋势，理清功能源点及其逻辑关系，是规划设计结构化、体系化的功能模块、功能单元及功能空间的基础。自贸试验区功能缘于内部的功能性设施和功能性机构，借助产业实现价值转换与创造，最终落地表现为实在的功能区、综合体等多样性功能空间。

（一）功能构成

根据总体方案和相关规划，自贸试验区主要功能包括生产性服务功能、生活性服务功能、国际贸易功能、旅游服务功能、先进制造业功能、新兴业态培育功能、地域特色业态孵化功能与国际交往功能等。依据总体方案中功能划分部分的词频统计分析 TOP20 显示，物流、金融、制造位居前三位，贸易、服务业挤进前五位，跨境、文化、航空、电商、航运进入前十位。值得注意的是，与一般印象不同，贸易并非自贸试验区的首位功能，自贸区也不排斥制造功能，特别是以装备制造为主导的先进制造功能；同时，电子商务、文化等生活服务功能也占据重要地位，但居住、科教、医疗、购物等基本公共服务功能较弱，反映出自贸试验区更多地表现为生产性空间。

（二）功能结构

自贸试验区功能结构规划包括三个层次：一是基本功能——衍生功能结构规划，即基于功能性设施和功能性机构视角，从功能内源点分析，理清基本功能、细分功能、衍生功能生长演化关系；二是核心功能——配套功能结构规划，即基于功能外显化产业的行业生态链视角，理清上游、中游、下游功能延伸链条关系；三是主体功能——兼容功能结构规划，即基于地块、分片区、自贸试验区整体等不同空间单元，理清主体功能、兼容功能、负面功能的空间互适性组合关系。

三、功能布局

前四批自贸试验区的功能布局规划包括区域空间功能布局与海关监管功能布局两个方面，其中区域空间功能布局规划根据自贸试验区的空间片区划分，分别明确各片区的功能定位及功能体系；海关监管功能布局规划根据自贸试验区监管方式划分，分别明确海关特殊监管区域和非海关特殊监管区域的功能构成，一般不再明确功能定位。最新的第五批自贸试验区的功能布局规划仅保留区域空间功能布局，不再明确海关监管功能布局，不同海关监管方式差异的弱化反映出碎片化形态的自贸试验区空间整合和功能融合成为大势所趋。

在功能、监管政策以及产业类别方面相比较，中国自贸区更像中国经济特区2.0版，即第二代经济特区。首先，和经济特区一样，自贸区主要作用是为中国改革开放提供实验平台与经验，不同之处在于当年经济特区是为解决计划经济向市场经济转轨和制造业开放问题而设计，而当前自贸区解决的是进一步完善市场经济以及服务业开放的深层次问题；第二，只实行以保税区为特征的特殊海关监管政策；第三，具备包含服务业与制造业的综合型的产业结构。

四、作用

第一，可以充分利用自由贸易区作为商品集散中心的地位，进一步扩大地区和国家的出口贸易和转口贸易，从而提高其在全球贸易中的地位和能级，并且创造更多的外汇收入。

第二，可以充分利用自由贸易区作为国际投资中心的地位，利用区内税收、外汇使用等优惠政策，进一步吸引外资，引进国外先进技术与管理经验。

第三，可以充分利用自由贸易区作为国际物流中心的地位。一般来讲，通过在港口、交通枢纽和边境地区设立自由贸易区，可起到繁荣港口、刺激所在地区和国家交通运输与物流业发展的作用。

第二章

国外自由贸易区的成功实践

第一节　香农自贸区

一、香农自贸区成立背景

爱尔兰香农自由贸易区(以下称香农自贸区)是世界上第一个利用外资发展加工出口业的经济特区。在当代全球经济史上，香农有着举足轻重的地位，它开创并成功探索了一条建立自由贸易区的全新经济开发区模式。从1980年起，香农自贸区的成功经验就吸引了中国的目光，其利用外资建立出口加工区的经验，为改革开放初期中国建立四大经济特区提供了借鉴。此后，多位国家领导人先后到访香农自贸区，来自香农自贸区的经验也源源不断地被华夏大地众多的“改革试验田”借鉴学习。英国《卫报》曾感叹“香农模式，在中国结出硕果”。2012年2月，习近平总书记参观考察香农开发区，高度评价了香农自贸区的建设成就；2015年5月，李克强总理曾在香农地区考察；2016年4月，中国（上海）自由贸易试验区与爱尔兰香农自由贸易区签署战略合作协议，在多个领域展开战略合作。

二、香农自贸区发展历程

（一）航空加油服务模式向出口加工贸易模式转变阶段(20世纪40年代—50年代)

爱尔兰利用香农处在美欧大陆中轴线上的优势，于1942年建成香农国际机场，为飞机提供中转停留、补给燃油等服务。1947年，香农机场开设了世界第一家机场免税店，对烟酒销售实施免税政策。20世纪50年代中期，因飞机续航力提升，香农机场在一定程度上丧失了区位优势，单纯依靠为航班加油的经济模式陷入困境。爱尔兰政府决定在香农成立一个享受特殊税收优惠政策的区域性制造园区，通过发展空港配套产业吸引航空货运业务，以保持机场的国际地位，并创造更多的就业机会。1959年，香农自由空港开发有限责任公司(下称香农开发公司)成立，负责香农地区的全面开发业务。1960年，香农开发公司在机场周边建立了世界上第一个以出口加工为主的免税工业区，成为第一个真正意义上的自贸园区，吸引了日本、美国、荷兰等国的大批外资。当地经济由航班中转加油服务模式成功转型为加工贸易模式。

（二）来料出口加工模式向科技工业转型阶段(20世纪60年代—80年代)

20世纪60—80年代，爱尔兰政府在香农建立了利莫瑞克大学和利莫瑞克工学院等院校，为香农自贸区培养了大量高素质专业劳动力。凭借强大的人才支撑与科研力量，香农自贸区积极引入科技型企业，建立了高新技术公司创新中心和国家科技园，探索科研创新与经济结合的经济模式，实现从劳动密集型向技术密集型的转型升级。

（三）科技工业向信息技术产业升级阶段(20世纪90年代—21世纪初)

进入20世纪90年代，随着全球产业转移以及新兴经济体加大科技创新力度，爱尔兰的企业所得税税率统一降至12.5%，香农开发公司逐步转向发展国际金融、互联网产业等现代服务业和知识经济型产业，实现从科技工业向信息技术产业的转型升级。

（四）信息科技产业向高新科技产业集群发展阶段(21世纪初至今)

本阶段香农自贸区再度调整发展战略，致力于实现产业的多元化、集群化，打造世界级的生活、工作、学习和旅游休闲胜地。目前，香农自贸区产业集群主要涵盖航空航天、创新企业孵化、制药与医疗器械制造、国际金融及金融服务保险、国际物流、供应链管理等领域。为打造世界级的航空业聚集区，香农开发公司于2014年5月重组为香农集团，下辖香农机场、香农国际航空服务中心、香农商业地产和香农(文化)遗产四个分支集团，重点发展航空航天、港航交通、旅游管理等产业集群。香农(文化)遗产分集团开发当地特色旅游资源，建立了中世纪城堡探奇、传统音乐舞蹈、民俗公园等文旅产业群，每年吸引游客60多万人次，创汇1500多万欧元。香农自贸区通过适时调整发展战略，实现多次“重生”并不断发展壮大，由最初的2.43平方公里扩展至中西部5个郡，总面积约1万平方公里，拥有全国最大的多样化企业园。截至2014年，共入驻130多家公司，提供7000多个工作岗位，年销售额超30亿欧元，年产值超6亿欧元。

三、香农自贸区成功要素

（一）优越的地理区位

香农坐落于爱尔兰中西部，距首都都柏林200多公里，香农国际机场利用其得天独厚的地理优势，致力建成欧洲至北美的航空枢纽，目前拥有30多条直飞国际航线，发挥着作为连接北美、欧洲及中东的重要交通中转站和区域支线机场的重要作用。

（二）健全的法规体系

爱尔兰根据香农机场和香农自贸区发展需要，制订并逐渐形成了一套明确详尽的法律法规体系。1947年，爱尔兰议会通过了《免关税机场法案》和《免关税机场管理条例》，在香农机场内开办了全球第一家免税商店。在1932年《生产控制法》的基础上，1958年通过的《工业发展（鼓励外部投资）法案》，鼓励利用外资发展出口加工业，为香农自贸区的经济腾飞扫清了法律障碍。1959年实施的《香农自由空港开发有限责任公司法案》，授权香农开发公司全面规划、管理、开发香农自贸区。2014年，《国家机场(香农集团)法案》通过，香农开发公司重组为香农集团，实现了香农自贸区管理体制上的革新。此外，还给予园区内企业各项优惠。

（三）优惠的政策措施

成立之初，香农自贸区主要通过免税优惠吸引外国投资者。这也正是它与早期自由港的重要区别之一。在税收、用地方面，爱尔兰出台了一系列鼓励与促进企业发展的优惠政策，香农成为著名的低税港，吸引了大量外企进驻。跨国企业在香农的实际税负远低于美国和其他欧盟国家，比如英国和美国的企业所得税分别为20%和21%，而香农仅为12.5%。此外，香农还对于来自特定国家和地区的特定收入给予更低税率甚至免税优惠。

（四）充足的人才资源

香农开发公司制定了全国第一个地区工业发展规划，重点发展科技工业。利莫瑞克大学为香农自贸区培养科技和管理人才。1980年，香农设立了欧洲第一个创新中心。1984年，利莫瑞克大学联合香农开发公司建立了爱尔兰第一个国家工业园——利莫瑞克国家科技园，后又陆续建立4个科技园，逐步形成了“香农知识网络”，带动香农自贸区向高科技、知识型经济迈进。

（五）完善的基础设施

香农一体化综合开发交通、办公设施、水电供应等配套服务，提供健全的基础设施和优质服务。香农自贸区内交通便利，3小时内可通过香农机场到达欧洲几乎所有的主要城市，光纤通信与宽带网络连接欧美主要大城市。

（六）适时调整发展战略

香农自贸区根据不同时期产业发展方向和爱尔兰政府的战略规划，因时制宜、因地制宜，推动区内产业结构转型，使香农自贸区得以持续发展。

四、香农自贸区发展对我们的启示

（一）坚持规划引领，注重园区科学管理

爱尔兰在1959年设立了香农开发署，并设立了香农自由空港开发有限责任公司（简称香农开发公司），负责香农地区的全面开发业务。香农开发公司制定了爱尔兰第一个工业发展规划，并按照规划的目标，主动和相关企业对接和洽谈，为这些企业落户提供便捷的服务。在过去的近60年中，香农开发公司对当地工业、旅游业、农牧业等进行了一体化的多层次开发。2012年，为了打造一个世界级的航空集聚区，爱尔兰政府决定对香农开发公司进行重组，香农开发公司仅保留主要的物业资产，其他运营管理业务被剥离，改名为香农商业企业有限公司，作为新组建的香农集团的下属企业，与香农机场、香农国际航空服务中心和香农（遗产）共同作为香农集团的四大分支公司负责各自领域的专业化运营和管理。

（二）构建政府与市场相结合的园区管理模式

香农自由贸易区一直通过政府授权的开发公司进行运行管理，展现出了专业高效的管理能力，为园区建设提供了强有力的保障。具有政府背景的香农开发公司统筹负责整个香农地区的全面经济开发，这家公司本身就是一个创新：它既是一个由政府控股的机构，受国家企业和贸易部部长直接管辖，又是自负盈亏的有限责任公司。进入21世纪，香农自贸区整体经济规模因为新增投资乏力而下滑，为在全球外资引进争夺中更具优势，爱尔兰政府决定对这家“功勋老臣”改组，剥离其对外招商引资和本土企业的扶持业务，香农开发公司只具体负责香农开发区的经营管理，以便集中精力实施香农开发区发展蓝图。2014年，在政府主导下，香农开发公司与香农机场管理局等机构重组成立香农集团，新组织的使命是将该地区发展为国际航空服务中心，建立一个世界级的产业集群，以期带动爱尔兰中西部地区发展。

（三）以多产业协调发展推动产城融合发展

产城融合是产业多元化协调发展的必然结果；产业的壮大和集聚，必然带来大

量的人流汇聚，从而为城市的形成提供了必要的条件；同时，城市的发展，也增强对人才的吸引力，促进产业的发展。可以说，产业与城市这二者在香农自由贸易区发展历程中相互促进、和谐共生。20世纪90年代，香农自贸区向东拓展，与城区逐渐融合，在空间布局上形成西重生产、东重服务，中心城区提供研发支撑的城市空间结构，不仅整合周边25公里范围内香农湾地区的科技研发力量，构建为自贸区提供智力支持的“知识网络”，更借力机场吞吐量优势，兴建世界一流的高尔夫球场和水上运动中心，开发当地旅游资源。显而易见，香农自贸区已作为区域生产组织核心，通过自身引进的国际化生产服务要素带动城市生产组织方式的变革与创新，最终完成城市空间的转型。

第二节　汉堡自贸区

一、汉堡自贸区成立背景

汉堡自由港依托汉堡港，于1888年10月15日正式建立，在其125年的发展历史中，占汉堡港区大约五分之一的汉堡自由港曾作为世界上规模较大的经济自由区之一，这个由一条长达20多公里的围栏与其他港区隔开的自由贸易区，曾有进出的陆上通道关卡25个、海路通道关卡12个。而今汉堡自由港的取消，也被视为是这个欧洲第二大港、德国最大的综合性港口发展史上最重要的变迁之一。

二、汉堡自贸区发展历程

在一百多年前，德国汉堡港建立了世界上第一个自由贸易区，但是它又被一条长达20多公里的围栏与其他区域隔开。2013年，这个贸易区被取消了。整个欧盟就是一个关税同盟，货物一进入欧盟港区就得交税。所以在这种背景下，自由贸易区已经没有存在的必要。

1888年，汉堡自由港正式成立。在关于“汉堡加入德国关税同盟”的协议中，汉堡市申明愿意将其港口一块特定区域以外的全部领地划入德国海关管辖范围。根据该协议，“这块港口的特殊区域将辟为永久性自由港，并归汉堡市所有。在该自由港范围内，过往船只及货物不受海关控制，仅仅接受海关监督”。

最初，汉堡对转运货物只减收关税，1727年开始实行免除部分特色商品外的全部关税。到1874年，所有关税都免除，汉堡自由港名副其实。

1909年自由港扩展到万德拉岛，1910年又把西部瓦尔特霍夫并入自由港。原先以发展转口贸易为主，后来逐渐拓展到综合贸易，主要囊括了货物中转、仓储、流通、加工和船舶建造。汉堡港凭借税收减免、手续简化等优惠政策为贸易提供了充分的自由和便利，同时也促进了自身的繁荣。

为适应自由港拓展，海关办事处也相应增加。后来为了控制走私，汉堡海关管理又发生一系列变革：从建立海关检查总局以集中海关监管，到1919年，由魏玛共和国宪法规定设立海关行政部门，成立了类似于海关总署的新机构，财政权属于下易北地区。但中央政府对汉堡自由港地位的承认始终没有发生变化。财政当局还完善了港口，特别是自由港的设施，1926年在港口南部建成并开通易北自由港桥。

港口经济稳步向前从未停止，直到大萧条和两次世界大战，自由港货物量减少、业务停顿，很多拥有现代化设备的关口关闭。1949年9月9日联邦德国成立，随后的“经济奇迹”使自由港恢复生机。作为德国最大港和货物集散中心，汉堡港的业绩和实力蜚声世界，在当时享有“欧洲门户”“世界市场”的美誉。接着，大量新的海关机构成立，1950年（联邦德国）通过收入管理法，建立新的税制系统，实行联邦内统一海关管理。

1957年欧共体成立后，德国海关法逐步向欧共体海关法靠拢。在20世纪60年代—70年代联邦海关法成为自由区法律的基础，从而导致汉堡港内部分条款被禁止，例如，1961年汉堡海关法通过的条款“使用和消费免税品和欧共体内所生产的物品”以及“货物可以无限期无限量的存放”根据欧共体自由区法改为“限制”。尽管如此，这些政策变化对汉堡自由港的发展并无大碍，因为汉堡港继续保留了一些特权，例如，汉堡自由港的制造权。

1988年自由区法的通过规定自由区在欧共体外，但德国将限制厂商在自由港的制造权。在不公平竞争的情况下，欧共体有权废除这一特权。20世纪后期，汉堡的加工业发展面临着严峻挑战，区域内加工业萎缩，业务减少。此外，由于德国加入欧盟，1994年起汉堡自由港成为欧共体和欧盟的“关内”，改称为“自由加工贸易区”。按照欧盟规定，此区域属于欧盟关境内享受特殊政策的区域，但不再视为第三国。并规定“自由加工贸易区”可以设在包括港口及其他任何区域，汉堡

"自由加工贸易区"为海关监管区域，外国货物进区后45天内不征收关税，45天后根据货物不同去向分别处理，进入保税仓库、加工区，或进入关税区而享有不同的关税政策。汉堡港面临着港口经济结构的转变以及欧盟各国自由区和海关立法的一体化两方面的挑战。当时作为自由贸易区，其主要优势是具有非欧盟进口货物和进口储存货物不向海关申报和出示货物的自由；应税货物滞留自由贸易区期间免除关税和其他管制。然而，美国"9·11"事件后，各种货物入区均要求申报。更重要的是，欧盟内部统一关税，大幅下调关税；再加上欧盟不断扩张成员国，内部大部分货物实现免税流通，形成单一市场，使自贸区关税减免的优势渐渐弱化，并且使非欧盟的货物量严重减少。另外，自贸区内的杂货90%以上实现了集装箱化，仓库城的存在变得可有可无。最终德国在2003年取消了其自贸区地位，使其转变为保税仓库，使得转口贸易的企业无须依靠自由港就可实现保税。而与之形成鲜明对比的是，原有进入自由贸易区的手续优势会导致交通拥堵，影响物流进度。

2013年1月1日，汉堡自由港关门。汉堡自由港的优势逐渐被削弱并最终消失是欧洲市场自由化的必然结果。在区域经济一体化和经济全球化的发展趋势下，依靠关税优惠吸引贸易的时代已经过去，自贸区应该考虑如何重新定位，积极创新改革，从服务效率、物流条件等其他方面打造港口竞争优势。

三、汉堡自贸区成功要素

（一）地理位置优越

汉堡地处中欧，地理位置优越，竞争优势明显。途经基尔运河即可方便快捷地到达整个波罗的海地区，经由发达的水陆运输通道直抵中欧和东欧广袤的腹地，便捷的交通成就了汉堡绝佳的地理位置。然而，汉堡港绝不仅仅只是一个转运中心。汉堡是德国最大的贸易和工业城市地区，在进出港口的货物中，约有三分之一出产于汉堡都市区。与其他北欧的港口相比，本地的商品报价占据着重要地位。这就意味着距离海岸线70海里的汉堡港拥有颇具吸引力的交通优势。海运货物的运输对环境影响更小，能够迅速往返于海港腹地的市场区域，令陆上运输相形见绌。与其他欧洲港口相比，德国、斯堪的纳维亚、东欧、俄罗斯、奥地利、瑞士和波罗的海地区的所有重要市场区域与汉堡都相距更近。地理优势意味着经过汉堡可以缩短运输时间，实现环保物流，降低运输成本。

（二）空间布局合理

作为一个国际港口，汉堡自由港主要以码头作为块状分布的单位。汉堡港有四个集装箱码头，能够为集装箱船提供服务。另外，还有数个多用途码头，可装卸集装箱货物、普通货物以及特种货物。

1. Altenwerder集装箱码头（CTA）。由汉堡港口仓储物流有限公司（LLA）经营的高度自动化集装箱码头，是世界上最先进的集装箱装卸码头之一。该码头于2002年投入运营，码头专为大型集装箱船配了4个泊位和15架集装箱龙门吊。

2. HHLABurchardkai集装箱码头（CTB）。HHLABurchardkai集装箱码头（CTB）也由汉堡港口仓储物流有限公司负责经营。就占地面积和集装箱装卸能力而言，该码头在汉堡港所有集装箱装卸码头中排名首位。码头拥有8个泊位和25架集装箱龙门吊，每年有5000艘船只在此作业。码头附近的转运包装与服务中心为汉堡港口仓储物流有限公司旗下所有码头提供普通货物与特种货物装卸服务以及其他货物服务。Burchardkai集装箱码头采用了先进的作业技术，它的电脑集装箱配载和堆存控制系统，能准确地确定每个集装箱的位置、箱内货物、目的地的信息，因此装船计划可事先制定。集装箱可按它们的目的港、重量、危险品等级进行区分，在船舶抵达前14天就可确定箱位等候装船。

3. ToIlerort集装箱码头（CTT）。Tollerort集装箱码头（CTT）是汉堡港口仓储物流有限公司经营的第三个集装箱装卸码头。该码头拥有4个泊位和8架集装箱龙门吊，可以为超巴拿马型集装箱船提供集装箱装卸服务。

4. Eurogate集装箱码头。Eurogate集装箱码头是由欧洲最大的码头和运输集团Eurogate经营的。该设施拥有7个泊位和21架集装箱龙门吊。码头的装卸能力为160万TEU，但2003年吞吐量达205万TEU，比上一年增长18.5%。该码头占地110万平方米，岸线总长2100米，水深15.1米，有13台桥吊和85台跨运车，码头作业效率高。

（三）先进的管理体制

1. 汉堡州政府负责总体规划和土地使用。汉堡州政府规定了港区的水城范围，规定了在港区可进行的活动，港区土地和水域归州政府所有，由州政府负责总体规划，土地或建有基础设施的土地由州政府出租，租期一般为3年，土地只能租不能出售。州政府控制着土地并按需要规划使用，规划范围内属私人财产的土地可以出卖，政府有优先受让权。州政府还严格规定港内可作业的货种和禁止作业的货种，确定港内经济活动的法则，如允许港口内相互竞争等。政府负责基础设施包括港区内公共交通设施的建设。

2. 汉堡州经济和劳工事务部负责日常管理。汉堡港的管理机构也是独特的，至今汉堡港还没有设港务局。汉堡是联邦德国的一个直辖市，也是一个州，汉堡州有自己的议会和政府，负责汉堡港的事务。汉堡港的日常管理则是由汉堡州的经济和劳工事务部负责，主要职能包括：（1）制定港口的法律框架，确定港口活动方向。（2）规划并建设基础设施，租赁给经营者。（3）建设和维护港界范围内的港口基础设施，疏浚港池和港内航道。（4）制定港内交通规则。（5）对进出港和靠泊码头铺地的船舶以及装卸作业进行安全管理监督包括港区消防。（6）引领进出港船舶，掌握在港与进出港口船舶的动态。（7）征收港口使用费。

四、汉堡自贸区对我们的启示

（一）港城关系是一种互动互长的关系

即以港口的发展促进依托港口的城市的发展，城市的繁荣又促进着依赖城市的港口的繁荣，两者相辅相成。城市经济活动的扩张、科学技术进步和生产力水平的提高、集疏运网络的完善，为港口及相关临港产业的发展开辟了广阔的天地；而港口发展的最终目的和归宿是为了进一步推动城市经济的增长，从而带动整个区域和全社会的快速发展；港口和城市在港城关系演进的过程中是互为因果、互动发展的。

（二）港口的地理位置和基础功能建设至关重要

港口由于其独特的地理位置和多种功能对工业、贸易、金融和其他行业具有非常重要的吸引力，因而在区域城市化和工业化进程中具有特别重要的意义。港口因其生产和经营活动产生了大量的人员、物资、信息、资本的流动，直接带动了港口产业（海运、仓储、运输等），引发了依存产业（造船、贸易、钢铁、石化、电力、加工工业、保税业等）和派生产业（有关港口的金融、通信、保险、维修、旅游、服务等），从而成为集生产、经营、商贸、旅游、通信、服务等功能为一体的特殊区域。

（三）港口是吸引和聚集现代工业的最佳区域

港口不仅为工业化提供了原材料和产成品的运输服务，而且不少港口本身就成为吸纳工业的理想场所，成为众多跨国公司的基地。之所以选择港口作为其理想的位置，主要是因为以下原因：（1）一国的工业依托港口的运输功能可以很好地为工业提供国际化服务。世界上绝大部分的国际贸易都是通过海上运输来完成的，因而港口与国际沟通的便捷条件正是吸引工业的一个重要因素；（2）从运输成本的角度看，港口也是理想的工业基地，它的运输成本远远低于内陆；（3）港口由于历来的“商埠”功能，经济基础、国际交往、人员素质等条件较好；（4）从物流的角度看，在港口建立工业不仅生产要素配套、运输便捷，而且有利于降低整个工业物流的成本。

（四）港口城市因拥有港口而有着其他城市无法比拟的优势

一是港口作为海陆交通枢纽，具有连接国内外市场的功能；二是城市发展可充分利用港口内外双向的辐射力；三是港口作为流通资金往来的汇集之地，具有融资方面的便利；四是随着物流和客流量的增加，港口可成为信息汇集和发布的中心。可见，现代港口的出现是人类社会现代化的标志之一，它不仅带动了当地城市经济的迅速发展，而且有力地推动了国际交流和世界经济的发展。

第三节　新加坡自贸区

一、新加坡自贸区成立背景

新加坡有东南亚最大的海港，港区内有长达3.4公里的码头群，可同时容纳30余艘大轮船，以该港为中心有100多条航线通往世界各主要港口，同时还有20多条国际航空线联系世界各地，是重要的国际航空中心之一。因其优越的地理位置，新加坡历来邻近各国的集散中心，转口贸易十分旺盛，这也为其自贸区的建成奠定了坚实的基础。目前，新加坡共有3个自贸区管理机构，分别是新加坡国际港务集团、裕廊海港私人有限公司以及樟宜机场集团公司。其中裕廊海港和樟宜机场这两个自贸区主要负责新加坡的航运和空运货物，而新加坡国际港务集团下的5个码头主要承担辅助性的自由贸易功能。新加坡共有约700家金融机构，其中400家具有资产管理资质。800家上市公司在新加坡证券交易所上市，来自境外的占40%。新加坡金管局是新加坡金融监管的主体，它同时具有中央银行金融调控与金融混业监管两大职能。新加坡成立之初，开展金融业的主要目的是支持新加坡实业的发展。如今，金融业已经成为新加坡的一个支柱产业，新加坡也成为亚太地区最成熟的金融市场之一。

二、新加坡自贸区发展历程

1965年，新加坡从马来西亚脱离出来，宣布独立。1966年，新加坡建立了首个自贸区。1967年6月，新加坡成立了货币委员会，夺回了货币发行权，发行了本国货币。此后，新加坡政府开始对工业和金融业进行改革，构建了本国银行体系。

为了迅速发展，新加坡决定大力发展金融业以构建新的国民经济结构，因此确定了金融立国的政策和金融市场国际化的战略。

1968年，新加坡积极抓住欧洲货币市场对美元需求大增的有利时机，创建亚洲美元（以下简称“亚元”）市场。亚元市场，顾名思义就是亚太地区特别是新加坡国际银行从事境外美元及其他可兑换货币的存贷款业务的市场。新加坡对待外国商务实行自由主义的门户开放政策，为其提供“逃逸货币的庇护所”，目标是成为服务亚洲甚至全球的国际金融中心。在新加坡三十几年的改革中，其亚元市场得到了较大提升，这也促使新加坡成为国际金融中心，为自贸区奠定了经济基础。

除了亚元市场，新加坡的外汇市场和证券市场也一同发展。特别是外汇市场，自20世纪70年代中期允许国际货币经纪人进入以后，市场范围实现了较大扩展。就新加坡外汇日均交易量而言，1989年为550.2亿美元，世界排名第五位；1992年为739.1亿美元，在全球排第四位；1997年增至1670.1亿美元，在世界外汇交易中心中的地位仅次于伦敦、纽约和东京。然而，自1973年实行浮动汇率制度以后，新加坡市场汇率的波动和外汇风险也无形中加大了。1984年7月，新加坡成立了国际货币交易所，交易所的成立与建设代表着新加坡自贸区金融自由化迈出了坚实的一步，该交易所连接了芝加哥国际货币市场和伦敦国际金融期货交易所，运用计算机交易系统可以提供24小时交易服务，可谓大获成功。

另外，新加坡的股票市场国际化也有较大发展。1980年，新加坡为其第一股票市场和第二股票市场分别采用了两套不同的计算机交易系统，实现了股票交易全自动化。然而，在积极推进自贸区建设过程中，政府为保证金融自由化采取了一系列措施。因为新加坡的国家规模有限，其害怕大量的外资金融机构涌入，降低本国的竞争力，给国内经济带来冲击，所以，新加坡虽然鼓励外资银行进入新加坡市场，但也强化了对外资银行的管理，一般不许进行新元业务，只允许开展离岸金融业务。在新加坡，不管是国内还是国际，所有银行被分成了两类，即商业银行和商人银行，商业银行又分为全能银行、限制性银行和离岸银行。可见，其采取的方式是不同的银行涉猎不同的业务内容，一方面为了吸引外资，另一方面也为了巩固自身的国际金融中心地位，除此之外还能避免因恶性竞争造成的经济不稳定。到目前为止，新加坡共设有8个自贸区，其中樟宜机场自贸区以空运货物为主，由新加坡民航局负责运营；其余7个自由贸易区均以海运货物为主，除裕廊自贸区由裕廊管理公司负责运营外，剩下的6个自贸区全部由新加坡国际港务集团负责运营。新加坡8个自贸区都以围墙与外界隔离，进出自贸区的通道由海关检查站管理，进出人员和车辆都必须接受检查。

三、新加坡自贸区成功因素

新加坡有500多条航线，连接世界600多个港口，同时又是亚太地区重要的航运中心。1966年，新加坡国会颁布了“自由贸易区条例”，并于1969年在裕廊港口内划设了全国第一个自由贸易区，目前共开辟了八个自由贸易区，其中七个是处理海运货物，主要进行货物的进出口、包装以及转运，新加坡樟宜国际机场是唯一一个空运货物自由贸易区。除酒类、烟草产品、石油产品以及车辆四类货物外，其他所有货物进入新加坡都免关税。新加坡自贸区发展的成功因素主要有地理位置、功能定位、政策及人才保障等。

（一）优越的地理位置

新加坡位于东南亚马来半岛南端马六甲海峡的入口处，扼守太平洋及印度洋之间的航运要道，战略地位十分重要，具有“振马六甲海峡之咽喉，通五湖四海之畅达”的天然地理位置优势。

（二）正确的功能定位

为适应外向型经济发展的自贸区建设是新加坡经济发展的重要依托，新加坡将自贸园区主要业务功能定位为转口贸易，货物在进入新加坡自由贸易区的储存区时，可直接凭过境提单办理通关。进入新加坡境内的国外货物，有90%以上会再次转运出口，因此衍生的自贸区功能主要有仓储、贸易转运和金融中心等。

1. 仓储和贸易转运功能。利用货物进出口不课征关税、不受进口配额限制、通关便利、进仓时间短、仓储费用低廉等优惠条件，新加坡吸引了世界各地的转运货物在其区内的物流中心、保税仓库进行储存，或待恰当时机销往国内市场，或者转运到其他国家，从中获得大量的附加收益。

2. 国际金融中心功能。新加坡有利的地理位置使之成为世界金融活动昼夜进行的接力点。国内政局稳定，投资风险小，同时作为世界第二大集装箱港口，拥有技术先进且运转良好的通信网络，可以实现与世界各贸易、金融中心的密切联系。这些都为新加坡金融业的发展奠定了良好的基础。新加坡现已成为世界上著名的国际金融中心和亚太地区重要的集资中心，外汇日均交易额达到了1000多亿美元。

3. 强大的政策支撑。新加坡自贸区政策的演化，最大的特点是循序渐进，由最初的小尺度、小范围优惠政策逐渐向大尺度、大范围的优惠力度发展，采取审慎的风险控制措施，引导资金流向与相应时期国家发展目标相吻合的经济部门。在发展金融业方面，新加坡采取放宽汇兑政策和鼓励外资银行到新加坡开业，特别是在1968年10月批准设立亚元市场和11月创设的黄金市场，有力地推动了金融业的发展。1973年，又进一步批准岸外银行和证券银行经营亚元，允许发放亚元债券和组织财团进行贷款活动，同年，也放宽黄金交易的限制。这些都促使金融活动更为活跃。在关税方面，新加坡制定了47项避免双重征税的协定，并与其他国家达成31项投资保证协议。

4. 有力的人才保障。新加坡虽然地理位置得天独厚，但资源匮乏、市场狭小，因此高素质的人才被视为最宝贵的资源。自贸区开放带来了众多外资企业和公司，先进的管理理念、高质量的管理人才和技术人才也随之而来。新加坡对教育的投资力度，仅次于国防。为了提高人才素质，新加坡不仅重视正规教育，更注重其与职业教育的结合，专门建立职工技术培训基金。同时，在相关政策的制定上，新加坡也对职工培训做出了很多规定。

四、新加坡自贸区发展对我们的启示

对于中国而言，新加坡模式是具有借鉴意义的。

第一，就自贸区发展历史而言，新加坡和我国有相似之处。1966年，新加坡通过了《自由贸易园区法案》，并建立了新加坡首个自由贸易区，其自贸区在70年代得到发展，80年代进一步完善，并于90年代获得功能拓展；而中国最早的上海自贸区的雏形外高桥保税区正是建立于1990年。较之于20世纪初建立的北美和更早建立的欧洲自贸区，无疑，与新加坡有着更为相近的发展时间和相似的政治经济环境，使得新加坡自贸区对我国的自贸区发展具有更大的借鉴意义。

第二，就宏观调控而言，新加坡对我国也有借鉴意义。资料显示，研究东南亚经济的新加坡经济学家Lam教授在其学术论文中曾将新加坡的历史发展进行了一次完整的梳理，认为新加坡的经济成功得益于其有前瞻性的、全面的和目的性强的政府干预手段。而东北财经大学安福仁教授在其专著《中国市场经济运行中的政府干预》中也指出，中国因其生产力发展水平较落后，商品经济发展程度较低，资金、技术和基础工业较薄弱，又是人口众多的农业大国等特点，使得市场机制的作用发挥受到了限制，因而在市场经济中需要寻求政策措施来弥补市场的缺陷。由此可见，新加坡以“实行严格的法律规范、政府实行务实的领导、通过公共部门实施法律规范与干预以及国家以法令规定控制投资和就业”为特征的政府干预手段注重政策和市场的协同效应，与西方发达资本主义国家的市场经济模式相对比，对中国更具借鉴意义。

第四节　美国自贸区

一、美国自贸区成立背景

美国是世界第一大经济体，也是第一大贸易国，其雄厚的经济实力离不开自由贸易区的建设。美国自由贸易区又称“对外贸易区”，自 1936 年第一个对外贸易区建立以来，美国对外贸易区数量不断增加，目前已成为世界上对外贸易区数量最多的国家，截至2014年底共批准自贸区270个，现今依旧活跃的自贸区有177个，已关闭的自贸区13个。2013年，全美自贸区中的3050家企业共吸纳了39万个工作岗位，其中289家为生产制造型企业。全年进入全美自贸区的货物总值8350亿美元，其中65%的货物来自美国国内。全年自贸区内仓储和分销运营产值超过2640亿美元，生产制造产值超过5710亿美元，生产制造收益占自贸区总收益的68%。自贸区内主要产业为炼油、汽车、电器、医药和机械/装备。自贸区内全年出口795亿美元，其中186亿为仓储和分销出口，609亿为制造出口。美国自贸区由自贸区委员会审批，自贸区委员会则由商务部部长和财政部部长组成，商务部部长担任主席，美国海关和边境保护局局长也在其间扮演重要角色。美国自贸区根据使用者的不同又分为两类区域，一类是通用区，另一类是分区。前者是不同企业可在其中共同经营的自贸区，例如美国第49号自贸区（纽约和新泽西自贸区）的1号场区（Site1）；后者则是专为某个企业所使用的自贸区，例如美国第49号自贸区通用汽车分区。目前全美现有约500个自贸区分区。

二、美国自贸区发展历程

美国的自由贸易园区计划始于1934年颁布的《美国自由贸易区法案》，作为经济大萧条时期提振美国经济的重要举措之一，该法案旨在通过赋予某些区域开展自由贸易的权利以促进产业和贸易复苏。自1936年全美第一个自贸区正式建立至今，已逐步形成覆盖全国规模庞大的自贸区体系。根据美国自贸区在不同时期呈现出不尽相同的阶段特征，大致可以归纳为初始形成期、局部发展期、快速扩张期和平稳增长期等四个时期。

（一）初始形成期（1936年—20世纪50年代）

最初设立的美国自贸区主要有4个，分别是位于纽约的1号自贸区、位于新奥尔良的2号自贸区、位于旧金山的3号自贸区和位于西雅图的5号自贸区。不难发现，美国自贸区设置初期分布较为均衡，在美国东西海岸以及墨西哥湾均有分布，究其原因，自贸区的布局与其功能密切相关，由于早期建立的自贸区主要具有贸易出口方面的优势政策，尚不具备加工制造等功能，因而最早的4个自贸区全部为美国的重要海港。

（二）局部发展期（20世纪50年代—70年代）

美国自贸区的设置在这一时期稳步扩张，全美共新增自贸区16个，从分布来看，东海岸3个、西海岸1个、墨西哥湾1个、五大湖地区4个、河流沿岸5个、外海地区2个，内陆地区尚未设置。50年代后自贸区的设立明显受到贸易体系与流通网络进一步延伸的影响，87.5%的新增自贸区沿海或沿河分布，呈现出一定的沿海（湖）分布特征，例如，分布在密苏里河沿岸的第15、第17和第19号自贸区成为美国中部重要的商业节点，并连接新奥尔良和五大湖地区形成贯通美国南北的重要商贸航运体系。与此同时，自贸区的大量建立还受到两方面因素的直接影响：一是美国国会于1950年同意在自由贸易区中设立加工制造业；二是美国自贸区理事会于1952年颁布条例允许设置自贸区亚区，成为专门为某些特殊公司、仓库或生产制造业企业提供服务的区域。两项因素使更多企业和城市有动力利用自贸区保税优势发展生产制造业。不仅如此，外海地区在此期间首次出现自贸区，分别分布在夏威夷和波多黎各，其中第7号自贸区所在地波多黎各的圣胡安港至今仍是美国重要的商贸和制造基地。

（三）快速扩张期（20世纪70年代—20世纪末）

20世纪70年代以来，美国迎来自贸区设置的高峰，随着美国高新技术产业的快速发展，对外贸易规模不断扩大，与之相伴的是自贸区数量的快速增加，共新增181个，较上一阶段增长了11倍。其中，东海岸25个、西海岸13个、墨西哥湾20个、五大湖地区12个、河流沿岸37个、外海地区6个。值得注意的是，在沿河沿海地区大量设置自贸区的同时（61.3%的新增自贸区沿海沿河分布），首次出现设立于不沿海不沿河地区的自贸区，并且高达68个，超过这一时期全部自贸区总量的1/3，新增数量甚至略高于沿海和沿河地区。众所周知，70年代末期以来，随着美国国内生产制造成本上升和海外加工生产体系的渐趋成熟，美国制造业出现较大规模衰退，制造业人数减少了40%。但与此同时，自贸区却普遍保留甚至新增了制造业就业岗位，提供就业机会的企业主要来自海外进口商，它们基于降低生产和运输成本的考虑在美国自贸区内进行组装加工。因此，这一时期，自贸区数量激增以及在内陆地区的大量布局与外国企业直接面向美国市场开展出口加工具有直接关联，同时，内陆地区也更多地利用自贸区这一载体参与到国际贸易体系之中。

（四）平稳增长期（2000年—至今）

21世纪以来，与同期其他国家自贸区的发展趋势相比，美国自贸区增加的速度趋于平稳。美国国会研究服务中心报告数据显示，在1997—2006年间，全球自贸区数量翻了两番，雇佣工人数量翻了3倍，而美国自2000年以来，新增自贸区仅69个，其中东海岸8个、西海岸1个、墨西哥湾2个、五大湖地区1个、内陆河流沿岸47个、外海地区1个、其他地区9个。这一时期自贸区增长较为平缓，85.5%的新建自贸区沿海沿河分布。新增自贸区仍以河流沿岸分布为主。这一时期沿河分布的新增自贸区占新增总数的68.1%，沿海和内陆新增自贸区数量非常有限，表明流域经济的开发成为这一时期自贸区设置的重要驱动力量。尽管美国自贸区数量仍然保持上升，但受到北美自由贸易协定等的影响，使用自贸区的企业数量呈现下降趋势，从3600多家下降到2400多家。

总之，在经历近百年的不断演变之后，美国自贸区的空间布局经历了以上四个阶段的发展，最终形成了今天的分布格局。

三、美国自贸区成功因素

（一）便利化且与时俱进的监管机制

美国对外贸易区历经近百年发展仍长盛不衰，究其原因，就是美国在对外贸易区监管制度设计上灵活地将政府的行政监督管理与市场依法运行力量有机地融合到一起，并与时俱进地完善贸易便利化监管机制。美国对外贸易区的宏观管理由对外贸易区委员会和海关等政府机构主导，并创造性地引进了美国对外贸易区协会这一民间行业组织的力量，使其制定的相关政策更加切合实际需要。公共部门和私人机构经批准后均可管理单一的对外贸易区，并自行制定内部管理政策，有效地发挥了市场力量促进对外贸易区内部的自由运行。

（二）完备的准入和退出机制

美国法律规定，设立对外贸易区必须符合公共利益，有利于区域经济发展。由于各种原因暂时停止运营的主区或分区，可以向当地海关与边防局申请进入“休眠状态”。如果某个主区或分区没有必要再继续运营了，受让人可以申请中止并取消该区；受让人申请了对外贸易区的运营权，如在5年内未向海关与边防局申请激活，该区将被终止。这种退出机制使得对外贸易区的发展呈现动态自由配置，从而消除了区的“闲置”或“不足”带来的浪费现象，实现了对外贸易区进入与退出的灵活性。

（三）内需与外需并重的发展模式

其他国家尤其是发展中国家建立的大量海关特殊监管区，通常通过免除“再出口”商品关税来促进出口，对内销售则被禁止，主要是“对外”的自由化，即所谓的“一线放开、二线管住”。美国的对外贸易区则不同，不但允许区内商品进入美国国内市场，甚至通过减免关税的方式鼓励区内企业为“美国”制造。比如，通过允许企业按成品缴纳关税来降低“关税倒挂”对内销企业的影响，为区与区之间货物自由转移提供便利以使对外贸易区企业能够灵活地供应国内市场。2016年美国对外贸易区的统计数据显示，进入对外贸易区的货物价值总计超过6100亿美元，其中大约63%的货物来自美国国内。这一比例显示，对外贸易区的活动更加倾向于国内运作而不是对外运作，区内大多数产品仍进入美国市场进行销售。

（四）功能的多样化和强化主导产业的引领作用

美国虽然制定了《对外贸易区法案》，从法律上对对外贸易区在整个框架结构和政策优惠上予以规定，但是各个对外贸易区的申请者可以根据自身和当地的发展特点申请，这就出现了各个功能不同的对外贸易区。这些对外贸易区功能不同，区内的产品类型也不同，贸易区的功能和其地理位置以及经济发展特色相结合就出现了多样化发展。同时，不同功能的对外贸易区注重根据自身功能定位选择外部规模效应强的行业作为主导产业，形成主导产业规模巨大、关联产业聚集的产业格局，大大增强了自贸园区的经济实力。

四、美国自贸区发展对我们的启示

美国对外贸易区能持续几十年保持其吸引力，充分证明了对外贸易区在促进地方经济发展方面的积极作用。尽管发展的阶段和定位有所不同，美国对外贸易区的成熟经验和管理模式仍可给中国自贸试验区的建设提供诸多启示。

（一）加强中国自贸试验区建设的统筹规划，建立灵活高效、与时俱进的监管体制

中国自贸试验区建设应借鉴美国经验，建立灵活高效的监管机制。应利用中国城市“小政府、大社会”的政治体制优势，充分发挥行业协会和私营部门的积极作用。一方面，可积极考虑加入和引进世界自由区组织等国际性行业组织，更好地融入全球自贸区网络，以便及时借鉴和对标国际领先自贸区管理理念和模式。另一方面，可考虑将符合条件的产业园区委托至国际上经验丰富的专业管理机构或企业进行整体运营，并采取海关委托监管模式，提升园区运作效率。同时，中国自贸试验区的监管体制在设计之初，就应兼具前瞻性和灵活性，充分考虑全球贸易发展和中国自身产业结构调整的趋势，留有足够的空间，可供此后根据自贸试验区发展的实际情况不断进行完善更新，从而确保监管政策的与时俱进。

（二）建立良性的动态考评和退出机制，确保资源高效利用

资源的集约高效利用对自贸试验区建设的可持续发展至关重要。随着中国自贸试验区建设的推进，各类产业园区和大型项目也争先上马，在严格筛选合适项目的同时，也需设计动态的良性考评和退出机制，针对各类园区和大型项目进行动态跟踪评估，对那些未能如期兑现经济社会效益承诺或土地等资源长期闲置未能得到有效利用的园区或项目，可按事先约定的要求直接关停并收回相关资源，防止资源的浪费和闲置，确保有限的资源都能用到刀刃上。

（三）充分发掘自身优势和特色，实现错位发展

美国对外贸易区发展历经几十年，仍能有近200家同时保持活跃、百花齐放，一个主要原因在于各对外贸易区定位差异化，避免了同质竞争。中国自贸试验区的发展需充分借鉴这一经验。一方面，要充分认识中国起步晚、经济基础薄弱、外向依存度低的劣势，结合自身独有优势扬长避短，实现错位发展。另一方面，要加强省（区、市）内各地区发展的统筹，在产业布局上各有侧重，防止出现同一类型项目一哄而上的局面。

（四）兼顾国内外两大市场，重点关注国内和省（区、市）内市场需求，服务供给侧结构性改革

美国对外贸易区发展的主要特色和成功做法就是不以单纯扩大出口为目的，而是重点关注本土市场需求，通过便利生产要素的自由流动服务国内制造业振兴。中国市场巨大，全世界都在关注中国市场，中国自贸试验区建设在关注国际市场的同时，也不能忽视国内市场，应以中国国际旅游消费中心为抓手，服务供给侧结构性改革，让改革的成果更多地惠及普通民众。为此，中国应用足用活国务院赋予的特殊优惠政策，引入世界一流的服务和消费产品，满足本国和本省（区、市）民众消费升级的需求，并借鉴美国经验，利用国外高端产品服务的进入倒逼本土品牌品质升级，增强国内企业的国际竞争力，助力中国经济供给侧结构性改革。

第三章

我国设立自贸试验区的背景和历程

第一节　自贸试验区设立的背景

上海自贸试验区的建立无疑是中国改革开放历史上的一个里程碑。上海自贸区的设立有着深刻的国际国内背景，是改革倒逼的结果，是为了深化改革消除制约经济发展的体制机制障碍，向改革要红利，进一步解放生产力，发展生产力的必要举措。上海自贸试验区的设立，既是顺应世界形势发展的必然之举，更是全面深化改革和扩大开放的应有之义。

一、国际背景：适应国际新规则的需要

以世界贸易组织为代表的全球多边贸易体系由于涉及成员众多且差异巨大，各经济体的利益无法得到全方位的协调，在推动全球贸易自由化多边体系的发展中存在很大的局限性，这促使各方纷纷在双边和多边范围内签署自由贸易协议（FTA），并在“境内关外”划出一定地域作为自由贸易区，开展“单边形式”的对外开放。区域经济一体化表现为越来越多的国家加入区域自由贸易协定或设定自由贸易区，通过区域经济合作提高增长潜力。

这种区域主义的发展，主要由美国推动，当时主要表现为美国与欧盟进行的TTIP（跨大西洋贸易与投资伙伴关系协定）谈判。该协定让欧美市场融为一体，包括相互开放银行业、政府采购、统一双方的食品安全标准、药品监管认证、专利申请与认证、制造业的技术与安全标准，并实现投资便利化等。与日本等11个国家的TPP（泛太平洋伙伴关系协定）谈判增加了“战略合作”的内容，涵盖了知识产权保护、劳工标准、环境标准和促进中小企业发展等内容。此外，TPP还涉及金融监管、竞争政策、经济立法、市场透明、反腐败等多个领域。 而这些区域谈判

都将中国排除在外。

与此同时，全球投资规则谈判成为主流，如当时正在进行的中美BIT谈判，谈判目标也从关境外向关境内转移，从关税等问题转移到国内投资准入等规则的改革。该谈判于2008年正式启动，截至2013年10月双方共进行了9轮谈判，已完成核心议题和双方各自关注问题的初步讨论与技术性磋商。2013年7月《第五轮中美战略与经济对话框架下经济对话联合成果情况说明》中表示："中国同意与美国进行投资协定实质性谈判。该投资协定将对包括准入环节的投资的各个阶段提供国民待遇，并以'负面清单'模式为谈判基础。"

作为三项协定的主要参加者的美国极力推行全面和高标准的贸易投资规则。除了传统贸易投资谈判中的关税、非关税壁垒和贸易便利化主题外，这三项谈判均在增进服务贸易市场准入，加强兼容性、透明度与合作，大量减少监管标准方面的差异，同时维持卫生、安全与环保方面的高标准，以及制定全球关注的规则、原则与新型合作方式，包括知识产权和市场机制等议题。国际经贸规范程度的进一步提升，使我国面临更严峻的局面。

对于新一轮的游戏规则，如果整个国家要参与进去可能有困难，可以让自贸试验区"先行""先试"，做一个对接的窗口，并可以适当将其中的某些高商业标准映射到整个中国制造和服务业。由于限定范围，如果试验失败了，影响也有限，而一旦成功，就可以进一步扩大推广并全面对接整个国际经济轨道。自由贸易试验区正是中国应对三大协议谈判的首个对外开放窗口，是中国从贸易大国向贸易强国转型的重要基石。

二、国内背景：适应高水平扩大开放的需要

试验区是中国探索经济改革的前沿阵地，从20世纪80年代的经济特区，90年代的浦东新区，再到后来的自贸试验区，近40年来我国创造了世界第二大贸易国的奇迹：GDP总量位居世界第二、国家外汇储备世界第一等。这是由于我们享受了中国劳动力丰富的人口红利。现在中国陷入了经济增长放缓、人口红利消失、外

贸发展亟待转型的困境。面对改革开放的新要求，要在更高起点、更高目标和更深层次上形成更高水平的改革开放新格局，推动经济高质量发展，实现人民美好生活愿望，推动全体人民共同富裕，需要有更高的承接平台。在国际需求疲弱以及劳动力成本升高的背景下，中国不可能长期依赖外贸出口支撑经济增长，因此继续深化改革、扩大开放是未来中国经济可持续发展的关键。目前中国不同区域之间发展水平还存在较大差异，体制改革又涉及行政体制、财税金融、要素价格、民生等多方面，因此在条件较为成熟的地区先行试点，推进自贸试验区建设，对于探索经验、深化改革具有重大意义。

从国内看，自贸试验区的设立是促进我国由贸易大国转向经贸强国的迫切需要。长期以来，中国的贸易及投资法律侧重于货物贸易，对于整体结构，尤其是服务贸易和投资领域的重视不足。然而，世界经济的引擎已渐渐由货物贸易转向服务贸易和投资。面对这一形势，我国积极设立自贸试验区，在推进制造业全面开放的同时，积极扩大服务业对外开放，构建更有利于货物贸易与服务贸易、利用外资与对外投资并重的开放型经济新体制，对我国建设经贸强国意义重大。只有加快构建自贸试验区网络，高标准建设自贸试验区制度框架，引领更高水平的开放格局，才能在经济全球化进程中占据主动权。

三、国内背景：促进全面深化改革的发展

随着我国改革已进入深水区和攻坚期，深层次利益关系和矛盾集中凸显，劳动力价格升高，部分产业产能过剩，能源资源紧张，生态与环境污染，区域与社会阶层经济差异增大，原有依靠出口拉动的增长模式难以为继，经济转型压力剧增。面对内部经济困难，增长阻力越来越大，如何打破积存多年的顽瘴痼疾，如何推动中国经济实现更高质量发展，成为迫切需要解决的重要课题。借鉴前期以开放促进改革的做法，再次面向世界开放，借助外力来倒逼国内改革，设立推行以制度创新、制度供给为核心使命、核心任务的自贸试验区成为解决这一问题的有效手段，自贸试验区也成为新时期中国对外扩大开放、对内全面深化改革，开放与改革双轮驱动

的试验田。自贸试验区以制度创新为核心，改变过去各类试验区单纯依靠财政税收、政策优惠、引进技术和资本的传统模式，在关税贸易政策、投资管理体制、金融市场开放、政府职能转变等领域探索重大改革，以我国为主构建符合国际惯例的游戏规则和制度体系，比如探索政府职能转变新机制、创新现代社会治理新模式、探索经贸发展新规律和开放金融市场新举措等。然后再把这些成功经验复制推广到全国，构建起与我国开放型经济发展相适应的新体制、新模式、新业态，持续释放改革开放的新红利。建立中国(上海)自由贸易试验区，就是要形成全国开放新格局中的先行试点，在接轨国际的制度规则、法律规范、政府服务、运作模式等方面率先实践，为我国深化改革开放提供可供借鉴的“制度试验池”和适合推广的新模式。上海自贸区获批意味着中国改革开放进入了全新的历史阶段。

第二节　我国设立自贸试验区的重大意义

我国设立自贸试验区的核心是推动制度创新，即通过深化政府与市场关系的改革，构建开放型经济新体制，打造国际化、市场化、法治化和便利化的营商环境，率先成为全国新一轮改革开放“先行区”和制度创新“试验田”。与此同时，通过进一步扩大开放，积极融入全球贸易投资新格局新体系，加快推动我国开放型经济的转型升级，努力打造一批“引进来”和“走出去”的战略新平台，为国家“一带一路”建设和重大区域发展战略实施提供支撑，所以自贸试验区的设立具有重大意义。

一、主动开放打造参与国际竞争新优势

我国加快推动自贸试验区建设，是为了打造开放的新平台，其战略目标是在国际经贸投资中争取主动，赢得国际竞争新优势。各自贸试验区地理位置不同，区位优势不同，因此也具有差异化的改革试点任务。沿海省份的自贸试验区，站在对外开放的前沿地带，全方位发挥沿海地区对腹地的辐射带动作用；沿边省份的自贸试验区，直接对接周边国家的经贸合作，探索沿边地区对外开放的新机制新途径。

与此同时，通过“先行先试”制度创新，探索经贸合作新模式，打造国际竞争新优势，创新金融开放新机制，主动打造面向全球的自贸试验区平台，可以更好地服务国家“一带一路”建设和国家重大区域发展战略的实施。因此，主动开放，打造参与国际竞争的新优势，就成为设立自贸试验区的重要任务。而构建对外开放新格局，探索与沿线国家和地区优势互补、区域多边合作新机制就成为建设自贸试验区的重要任务。

二、培育区域协调发展的战略新引擎

我国幅员辽阔、人口众多，各地区发展条件差异显著，区域发展不平衡是基本国情。新中国成立以来，党中央高度重视区域协调发展问题，不断丰富和完善区域发展的理念、战略和政策体系，促进区域协调发展也发生了深刻变化、取得了历史性成就。自贸试验区作为特殊的经济区，一旦设立将会对所在区域经济带来举足轻重的拉动作用。

制度创新是自贸试验区深化改革开放的核心任务。为此，每个自贸试验区的战略定位都各有特色，这主要是根据自贸试验区所在区域的经济发展水平、区位交通优势和自身资源禀赋等条件确定的。不仅如此，自贸试验区也必然要担负起拉动本区域经济发展的“火车头”使命，努力成为国家重大区域发展战略新的经济增长点。

自由贸易试验区不是传统意义上的开发区和经济特区的升级版，也不是海关特殊监管区或保税区的升级版，而是集金融、投资、贸易、科创等领域的开放与创新于一体的综合改革区，是全面对标国际通行规则、全面检验综合监管能力的压力测试区，是全面提升治理能力、彻底改变行政理念、大幅提高行政效率的政府再造区。因此，其对于所在区域的影响也是显而易见的，能够促进相关区域的改革发展和产业提升。

首先，自贸试验区的制度创新，对所在区域各部门的改革起到了倒逼作用。自贸区的制度创新，利用高度开放的贸易、投资和金融政策集聚高端要素资源，形成优良的营商环境，吸引各类高端服务业、高新技术产业和现代制造业落地，成为现代产业发展的新高地。这种变化使项目、资金、人才等各种要素大量流入自贸试验区，从而让其他地区为留住企业、项目等简化办公程序，优化营商环境。此外，随着“负面清单”越来越短，外来金融、高端医疗企业、高端制造业等大量涌入，将对本地产业带来冲击，竞争的激烈会迫使其进行改革，加快转型升级。

其次，自贸区可以推动区域功能和产业分布实现新格局。自贸试验区的特点应该是开放、先进、与国际接轨，并且通过先行先试，打破传统的条条框框，以建成政策的高地，而不是税收等优惠的“洼地”，真正实现以市场需求为导向的公平竞争。这些特点决定了自贸试验区和其他经济开发区是一种互补关系，而不应是竞争关系。自贸试验区能够发挥制度创新优势，发挥产业协同功能，引领产业向集群化发展，成为区域经济发展的新引擎，并不断提升自身对周边的辐射带动作用。以上海为例，其区内、区外双向布局已经成为企业发展的常态，即在自贸试验区内布局企业总部、科技、营销和创意环节，并把生产、物流基地设置在区外，形成“总部+产业园”，“科技研发+转化基地”，“高端制造+外围配套”的产业合作模式，形成“研发在自贸、转化在开发区”，“总部在自贸区、生产基地在园区”的空间发展格局，发挥新时代改革开放示范引领带动作用。

最后，自贸试验区建设将进一步提升所在区域的国际化水平。从当前自贸试验区的实践来看，每个自贸试验区对投资实施“负面清单”，不仅制造业对外开放，服务业也有较大的开放，这些均吸引了境外医疗、文化教育机构等服务业企业进入，从而促进相关区域国际化的提升。

三、“先行先试”积累防范风险经验的试验场

党的十九大报告明确提出，要赋予自由贸易试验区更大改革自主权。为全面贯彻落实党的十九大精神，已有自贸试验区均提出了前瞻性、系统性又兼具当地特色的改革任务，彰显了大胆试、大胆闯、自主改的勇于开拓精神。虽然各自贸试验区的改革任务因地制宜，有所差别，但都体现了以制度创新为核心的共性。扩大开放意味着会带来风险。如何在开放中防范和化解风险，也是我国设立自贸试验区面临的重大考验。如上节所述，上海自贸试验区成立之时，正值中美贸易谈判，对于美方在准入前国民待遇、负面清单、竞争中立、环境条款、劳工权益、征收补偿、金融服务、外汇转移、税收税制、投资授权等方面提出的高要价，如果盲目接受，势必会带来我国经济命脉被外方掌控的风险。如果全部否定，谈判会陷入停滞，我国也会被排除在世界贸易规则之外。若把这些在国际贸易中可能遇到的不确定性风险，在自贸试验区内“先行先试”，一方面可以对标国际经贸规则进行调整创新，

对可能带来的不确定性风险未雨绸缪，为我国进一步扩大开放提供可推广可复制的经验；另一方面又可以将风险控制在一定的范围，待积累起防控和化解风险的经验后，再从局部试验推广到全国。

四、对接国家重大发展战略

目前，21个自贸试验区已覆盖我国各主要区域，构建起东中西协调联动、陆海统筹发展的全方位、高水平区域开放新格局。从国家战略层面上看，既能服务于“一带一路”建设、京津冀协同发展、长江经济带发展、粤港澳大湾区建设等国家重大战略，又能服务于西部大开发、振兴东北老工业基地、中部崛起、东部地区率先发展等国家区域发展战略，形成环环相扣，与国家新一轮改革开放总体布局高度吻合的格局。

2014年12月12日，国务院常务会议公布第二批自贸试验区名单，广东、福建、天津获批。这三个自贸试验区的主要任务除了制度创新之外，还与国家相关战略接轨，被赋予不同任务，各具特色。天津自贸试验区作为当时北方唯一的自贸试验区，被国家赋予推动实施京津冀协同发展战略的重点任务。广东自贸区则主打“港澳牌”，以深化粤港澳合作为重点，进一步推动粤港澳服务贸易自由化，同时加快经贸规则与国际对接。

2017年4月1日，浙江、辽宁、河南、湖北、重庆、四川、陕西7家自贸试验区挂牌。这批自贸试验区的设立与国家经济发展战略联系更加紧密，“一带一路”、长江经济带、中部崛起、西部大开发、振兴东北老工业基地等，成为这些省份入选的关键词。

2018年4月13日，中共中央总书记、国家主席习近平在庆祝海南建省办经济特区30周年大会上郑重宣布，党中央决定支持海南全岛建设自由贸易试验区，支持海南逐步探索、稳步推进中国特色自由贸易港建设，分步骤、分阶段建立自由贸易港政策和制度体系。从而使我国自贸试验区增加到11个。这是党中央着眼于国际国内发展大局，深入研究、统筹考虑、科学谋划作出的重大决策，是彰显我国扩大对外开放、积极推动经济全球化决心的重大举措。2020年6月1日，中共中央、国务院正式公布《海南自由贸易港建设总体方案》，海南成为我国第一个具有中国特色的自由贸易港。

2019年8月26日，国务院正式印发《中国（山东）、（江苏）、（广西）、（河北）、（云南）、（黑龙江）自由贸易试验区总体方案》（以下简称《总体方案》），明确在山东、江苏、广西、河北、云南、黑龙江等六省区设立自贸试验区。山东自贸试验区应加快推进新旧发展动能接续转换、发展海洋经济，形成对外开放新高地。青岛片区打造东北亚国际航运枢纽、海洋经济发展示范区，烟台片区打造中韩贸易和投资合作先行区；江苏自贸试验区应推动全方位高水平对外开放，加快“一带一路”交汇点建设，着力打造开放型经济发展先行区，实体经济创新发展和产业转型升级示范区；广西自贸试验区应全面落实中央关于打造西南、中南地区开放发展新的战略支点的要求，发挥广西与东盟国家陆海相邻的独特优势，着力建设西南、中南、西北出海口及面向东盟的国际陆海贸易新通道，形成21世纪海上丝绸之路和丝绸之路经济带有机衔接的重要门户；河北自贸试验区应全面落实中央关于京津冀协同发展战略和高标准高质量建设雄安新区要求，积极承接北京非首都功能疏解和京津科技成果转化，着力建设国际商贸物流重要枢纽、新型工业化基地、全球创新高地和开放发展先行区；云南自贸试验区应全面落实中央关于加快沿边开放的要求，着力打造“一带一路”和长江经济带互联互通的重要通道，建设连接南亚、东南亚大通道的重要节点，推动形成我国面向南亚东南亚辐射中心、开放前沿；黑龙江自贸试验区应全面落实中央关于推动东北全面振兴全方位振兴，建成向北开放重要窗口的要求，着力深化产业结构调整，打造对俄罗斯及东北亚区域合作的中心枢纽。

2020年9月21日，国务院印发北京、湖南、安徽三省市成立自由贸易试验区总体方案。北京设立自贸试验区后，京津冀三地均有自贸试验区，而三地自贸试验区均被赋予了服务京津冀协同发展国家战略这一任务，通过自贸试验区这一制度创新高地，可以实现三地共商、共建、共享模式，打破行政地域划分，促进京津冀三地一体化发展；安徽的加入使长三角地区所涵盖省市均有了自己的自贸试验区，体现了利用自贸试验区服务长三角区域一体化发展这一国家战略；湖南自贸试验区各片区更是各具特色，分别对接不同的战略，长沙片区以中非经贸深度合作先行区重点对接“一带一路”建设，岳阳片区以打造长江中游综合性航运物流中心、内陆临港经济示范区重点对接长江经济带发展战略，郴州片区以湘港澳直通重点对接粤港澳大湾区建设。至此，我国自贸试验区就像下围棋一样，从最初零散的几个子，到现在分别连成一片，带动中国经济发展的这盘大棋初见规模。

五、自贸试验区有利于实现经济“双循环”

2020年5月14日，在中央政治局常务委员会会议上，习近平总书记指出，要深化供给侧结构性改革，充分发挥我国超大规模市场优势和内需潜力，构建国内国际双循环相互促进的新发展格局。5月23日，习近平在看望政协委员时再次指出：逐步形成以国内大循环为主体、国内国际双循环相互促进的新发展格局。对“双循环”要正确的理解：以国内大循环为主体，以扩大内需为战略基点，不是要闭关锁国、主动脱钩，而是要进一步扩大高水平对外开放，特别是要从商品和要素流动型开放走向制度型开放。要继续推进贸易投资自由化和便利化，不断优化营商环境，打造中国“世界工厂+世界市场”的国际分工合作新定位，稳住外贸外资基本盘，提高中国产业链供应链的稳定性和竞争力，吸收创新人才和创新技术流入中国。此外，通过国内国际“双循环”，推动改革与开放相互促进，以“内循环”支撑“外循环”，以“外循环”带动“内循环”。因此，其循环模式应该是通过实施“一带一路”建设等国际战略，继续鼓励中国企业走出去、引进来，布局国内国际两种资源、两个市场。

很显然作为连接国外、国内两个市场的重要载体和平台的自贸试验区，在双循环格局之下，必然会扮演重要的角色。自贸试验区作为高水平的开放平台，可以充分整合国内国际的市场要素，通过制度创新，优化营商环境，金融创新可以吸引海外资金流入；通过特殊人才制度，可以整合国内外人才。同时，通过自贸试验区便利的通关政策，“单一窗口”制度，也可以扩大短缺资源进口形成资源的内外循环。如河北自贸试验区曹妃甸片区实施“智慧交通”，大力提升航运水平，对到港货物实现云系统指挥运输，电子调度、配货、监督等措施有力地扩大短缺资源的进口。通过人民币资金池，推动中国企业对外投资，通过保税维修等措施提高中国生产性服务业的全球服务能力和全球服务半径，实现生产性服务业双循环。

第三节 我国自贸试验区建设发展历程

从2013年9月上海自贸试验区挂牌成立以来，到2020年9月自贸试验区第六次扩容，我国共设立了21个自贸试验区，基本形成了“1+3+7+1+6+3”的自贸试验区矩阵，形成了协调东中西、统筹南北方，覆盖沿海、内陆、沿边统筹兼顾的全方位开放格局。作为中国改革开放的“试验田”，自贸试验区积累了一系列可复制推广的改革创新成果，区内改革创新，区外复制推广，形成了普惠改革红利、共享开放成果的局面，率先建立了以准入前国民待遇和“负面清单”为核心的外商投资管理制度、以贸易便利化为出发点的贸易监管制度、以资本账户开放和金融业对外开放为目标的金融创新制度、以转变政府职能为核心的事中事后监管制度。这些制度创新性强、集成特点明显、市场主体反应好，极大地提高了自贸试验区的营商环境。同时，自贸试验区建设成效明显。自挂牌成立以来，吸引了大量企业注册，截至2018年底，18个自贸试验区累计新设立企业61万家，外资企业3.4万家，以全国万分之二的土地面积，创造了12%的进出口，吸收了12%的外资。自贸试验区经济增长强劲，各项经济指标良好，特别是挂牌成立较早的上海、天津、广州、福建四个自贸试验区。我国自贸试验区取得的成绩主要有以下几点：

一、选点布局不断完善

2013年设立中国(上海)自贸试验区以来，除2014年和2016年未增设外，我国先后分六批设立了21个自贸试验区。我国自贸试验区经历了由点到线再扩展到面的发展，逐步形成由南到北、由东至西的“1+3+7+1+6+3”自贸试验区发展格局，整体布局上不断完善。从空间分布看，自贸试验区主要分布在东部地区，东部沿海所有省份均建立自贸试验区；兼顾西部地区和东北地区；中部地区数量较少，呈现中部塌陷特征。从地域模式看，以沿海型自贸试验区为主，内陆型次之，沿边型最少。

二、试验内容不断拓展

随着自贸试验区选点布局的不断完善，试点内容也在不断拓展，覆盖面更广，差异化试点特色更加突出。伴随着自贸试验区《总体方案》《全面深化方案》的不断推出，改革开放覆盖面不断拓宽。在开放领域，充分体现坚持开放为先的理念，通过放宽市场准入、取消差别化待遇等多种方式，推动开放向更广领域、更深层次拓展。例如，第二批 3 个自贸试验区《深化方案》均提出大幅度放宽市场准入，扩大服务业对外开放，提高自贸试验区外商投资负面清单开放度和透明度；除特殊领域外，取消对外商投资企业经营期限特别管理要求；清理和取消资质资格获取、招投标、权益保护等方面的差别待遇，实现各类市场主体依法平等准入相关行业、领域和业务。在改革领域，注重加强系统集成，补足碎片化的改革短板，推动改革向更大范围拓展。例如，广东《深化方案》在前期试验任务基础上，进一步向知识产权、法治环境、人才管理、劳工权益、环境保护等新议题、新领域拓展；福建《深化方案》积极推动改革向纵深拓展，努力形成制度创新链条，如将国际贸易“单一窗口”向外贸企业资质备案、贸易许可和原产地证办理、货物进出口和船舶出入境申报、出口退税等国际贸易主要环节拓展。

与此同时，自贸试验区差异化试点特色更加突出。与上海自贸试验区相比，第二批自贸试验区除了当好改革开放排头兵、创新发展先行者外，在服务国家战略、辐射带动周边区域发展上，又体现出了不同的特点。广东自贸试验区突出推动内地与港澳经济深度合作，天津自贸试验区服务于京津冀协同发展，福建自贸试验区立足于深化两岸经济合作，并均服务于“一带一路”建设。从辐射周边区域发展方面看，广东自贸试验区通过加工贸易转型，带动泛珠三角区域和内地的产业升级，天津自贸试验区旨在通过促进京津冀协同发展来辐射内陆的发展，福建自贸试验区着力加强闽台产业对接、创新两岸服务业合作模式，以此来带动两岸经济发展。第三批自贸试验区则更加突出试点任务的差异化，分别对接“一带一路”建设、长江经济带、中部崛起、西部大开发、振兴东北老工业基地等重大区域发展战略，探索推进国资国企改革、以油品为核心的大宗商品投资便利化和贸易自由化、构建多式联运国际物流体系、创新现代农业交流合作机制、创建人文交流新模式等特色试点任务，与上海、天津等前两批四个自贸试验区形成对比试验、互补试验，在更广领域、更大范围形成各具特色、各有侧重的试点格局。

三、试点经验不断形成

在国家层面，自2013年上海自贸试验区设立以来，自贸试验区通过独立制度创新和相互学习借鉴，形成了一大批创新成果。截至2020年6月，已经有239项制度创新成果在全国复制推广，切实发挥了深化改革和扩大开放的试验田、减压舱与先行区的作用。

2015年1月29日，《国务院关于推广中国（上海）自由贸易试验区可复制改革试点经验的通知》发布，包含 34 项可复制推广的改革事项。2016年11月国务院印发《关于做好自由贸易试验区新一批改革试点经验复制推广工作的通知》，一共形成19项可复制推广的改革事项。2017 年 7 月，商务部等五部门发布《关于做好自由贸易试验区第三批改革试点经验复制推广工作的函》，形成会展检验检疫监管新模式、进口研发样品便利化监管制度等五项改革试点经验在全国复制推广。2018年5月，国务院印发《关于做好自由贸易试验区第四批改革试点经验复制推广工作的通知》，在服务业开放、投资管理、贸易便利化、事中事后监管等领域向全国推广共计30项改革试点经验。同时，各自贸试验区先后共形成国际贸易“单一窗口”、跨境电商监管新模式等12个“最佳实践案例”。2020年6月28日，国务院发布关于做好自由贸易试验区第六批改革试点经验复制推广工作的通知，复制推广的主要内容里有37项改革试点经验出炉，其中在全国范围内复制推广的改革事项有31项，主要涉及投资管理领域、贸易便利化领域、金融开放创新领域、事中事后监管措施、人力资源领域等5大类；在特定区域复制推广的改革事项有6项。

四、制度创新成就显著

制度创新是自贸试验区建设的核心内容，自贸试验区已经成为制度创新的主要载体。自贸试验区成立以来，在投资管理、贸易监管、金融改革、政府管理、营商环境等制度建设方面进行了大量创新，推动政府治理由事前审批到事中事后监管的转变，服务业进一步扩大对外开放范围，外商投资门槛不断降低。自贸试验区在制度方面的系列创新措施开启了从被动接受国际规则到主动对接国际规则的新局面，对推动形成更高层次的对外开放格局起到了示范引领作用。

（一）投资贸易管理体制进一步优化，负面清单持续缩短

所谓负面清单实际是一张外资准入限制类和禁止类措施的表格（或称不符措施列表，或称特别管理措施列表），“非列入即开放”，对于没有被列入负面清单的行业或模式，外资准入享受国民待遇。从上海自贸试验区实施的第一张负面清单（2013版）特别措施有190项，2014版减少至139项；2015版减少至122项；2017版再减少至95项特别管理措施；2018年6月30日，由国家发展改革委、商务部发布的《自由贸易试验区外商投资准入特别管理措施（负面清单）（2018版）》又将特别管制措施缩减至45项，在更多领域取消或者放宽了外资准入限制；2020年版外商投资准入负面清单遵照只减不增原则，将全国外商投资准入负面清单由40条减至33条，自贸试验区外商投资准入负面清单由37条减至30条。其主要变化表现在以下几个方面：

1.加快服务业重点领域开放进程。金融领域，取消证券公司、证券投资基金管理公司、期货公司、寿险公司外资股比限制。基础设施领域，取消50万人口以上城市供排水管网的建设、经营须由中方控股的规定。

2.放宽制造业、农业准入。制造业领域，放开商用车制造外资股比例限制，取消禁止外商投资放射性矿产冶炼、加工和核燃料生产的规定。农业领域，将小麦新

品种选育和种子生产须由中方控股放宽为中方股比不低于34%。

3.继续在自贸试验区进行开放试点。在全国开放措施基础上，自贸试验区继续先行先试。医药领域，取消禁止外商投资中药饮片的规定。教育领域，允许外商独资设立学制类职业教育机构。

截至目前，90%以上的国民经济行业对外资实现了准入前国民待遇，负面清单管理模式已经覆盖全部自贸试验区，并向全国近400个国家级开发区复制推广。

（二）在贸易便利化方面，自贸试验区进行了大量的改革实践

天津、广州的通关时间缩短50%以上，福建自贸试验区申报出口时间降低至半个小时，大幅提升了通关效率。四川自贸试验区推出国际会展检验检疫监管新模式，成都进出口平均通关时间大幅缩短。在投资便利化方面，广东自贸试验区深入贯彻落实负面清单和准入前国民待遇制度，对负面清单以外的外商投资企业设立改为备案制，外商企业注册时间由10个工作日减少至2个工作日。浙江自贸试验区在全省率先实现外资备案无差异跨区域就近办理，办理时限由原来的20个工作日减少至即时即办。在营商环境方面，上海自贸试验区深化商事登记制度改革，率先推出企业可选用名称库，推进企业名称登记全程电子化，企业名称核准时间提速40%。浙江优化国际贸易“单一窗口”，并引领“最多跑一次”的改革，实行“前台综合受理、后台分类审批、统一窗口出件”的审批模式，审批环节减少90%以上，极大地优化了营商环境。随着各领域改革试点任务的落地实施，在企业减少时间成本、人员成本、材料成本等方面直接释放的改革红利效果明显。

五、以投资、贸易合作主动融入“一带一路”建设

自贸试验区依托区位、地缘、产业、人文优势，积极推动与“一带一路”共建国家的经贸合作，在投资贸易自由化便利化方面开展了大量探索。上海自贸试验区通过建立亚太示范电子口岸网络运营中心，有效推动了与“一带一路”共建国家的通关合作机制建设。陕西自贸试验区依托汽车、装备制造业与欧俄韩建设“中

欧”“中俄”“中韩”等国际产业合作园区。同时，西安利用丰富的历史文化优势资源，与“一带一路”共建国家共建国际高等教育合作交流平台，联合31个国家128所大学成立“丝绸之路大学联盟”。河南自贸试验区充分发挥交通枢纽优势，开通中欧班列（郑州），覆盖境内3/4的区域，境外遍布欧洲和中亚地区，形成境内外双枢纽、沿途多点集散的格局，极大地促进了我国与“一带一路”国家的互联互通。

第四章

中国四大自贸试验区实践与探索

第一节　上海自贸试验区实践与探索

一、上海自贸试验区发展历程

2013年上半年，商务部、上海市人民政府会同国务院有关部门拟定《中国（上海）自由贸易试验区总体方案（草案）》，上报国务院审批。同年7月3日，国务院常务会议讨论并原则通过了该方案草案。2013年8月22日，国务院正式批准设立中国（上海）自由贸易试验区。试验区范围涵盖上海市外高桥保税区、外高桥保税物流园区、洋山保税港区和上海浦东机场综合保税区等4个海关特殊监管区域，总面积为28.78平方公里。同年9月29日，中国（上海）自由贸易试验区正式挂牌。

2014年12月28日，第十二届全国人民代表大会常务委员会第十二次会议通过《全国人大常委会关于授权国务院在中国（广东）自由贸易试验区、中国（天津）自由贸易试验区、中国（福建）自由贸易试验区以及中国（上海）自由贸易试验区扩展区域暂时调整有关法律规定的行政审批的决定》。中国（上海）自由贸易试验区扩展陆家嘴金融区、金桥开发区、张江高科技区三地91.94平方公里，中国(上海)自由贸易试验区区域总面积扩展到120.72平方公里。

2015年4月20日，国务院再次印发《进一步深化中国（上海）自由贸易试验区改革开放方案》，新《方案》对上海自贸试验区建设提出了全新的改革任务。比如，探索建立采信第三方信用产品和服务的制度安排；配合国家有关部门试点建立与开放市场环境相匹配的产业预警体系，及时发布产业预警信息；探索实行工商营业执照、组织机构代码证和税务登记证多证联办或三证合一登记制度等。

2017年3月，国务院批准的《全面深化中国（上海）自由贸易区改革开放方案》

明确了上海自贸试验区到2020年的建设任务。方案要求上海自贸试验区对标最高国际标准，提出了以建设开放和创新金融为一体的综合改革试验区、建立开放型经济体系的风险压力测试区、打造提升政府治理能力的先行区、成为服务国家“一带一路”建设和推动市场主体走出去的桥头堡“三区一堡”为核心的主要任务和措施。“三区一堡”翻开了上海自贸试验区建设的新篇章，强劲带动中国企业走出去并推动“一带一路”的发展。至2018年底，被称为“上海自贸试验区3.0版”的《全面深化中国（上海）自由贸易试验区改革开放方案》出台，3.0版方案明确的98项重点改革任务中，96项已全部完成，上海自贸试验区实现了三年任务、两年基本完成的预期目标。

2019年7月27日，国务院发布《关于印发中国（上海）自由贸易试验区临港新片区总体方案的通知》。随着增设自贸试验区新片区，自贸试验区需要做更多探索，比如如何与新一代的国际贸易规则更好接轨、企业产业升级创新需要哪些金融的支持。自贸试验区未来将大力支持实体经济和科创板，成为为实体经济融资的中心。未来自贸试验区将聚集新能源、大飞机等新的产业集群，形成上游是技术和研发，下游是资金支持，两种力量相连接的局面。

二、上海自贸试验区发展定位

自由贸易区所要进行的是“新常态”下新一轮体制创新的先行先试。“新常态”之下，是高水平的开放、高质量的发展和高标准的改革。上海自贸试验区的设立，将为实现政府主导向市场主导的转型提供试验田，当前体制中最难改革的行政审批制度或将破题，这将进一步推动政企关系深化改革，加快服务型政府建设。

我国的经济特区、高新技术开发区、国家经济技术开发区和海关特殊监管区的发展定位和发展模式，主要偏向于和适应于制造业的发展，对我国的服务业水平提升作用不太明显。国家依托上海自贸试验区这个试点，全面推进服务业的开放，着力推进金融服务业的发展，加快人民币国际化进程，构建符合国际规则的现代服务业体系，打造中国服务业的特区。上海自贸试验区的设立，将通过进一步向外资开放金融、商贸物流、信息服务、科技服务等生产性服务业领域，引导外资投向，提高中国产业在全球价值链中的地位，尽快形成可复制、可推广的经验，发挥示范带动、服务全国的积极作用，促进各地区共同发展。通过金融业等服务业的发展，为人民币国际化和资本走出去奠定重要基础。

上海自贸试验区的核心任务是制度创新，对标世界标准，营造公平、统一、高效的营商环境。坚持解放思想、先行先试，以制度创新为核心，在投资、贸易、金融和事中事后监管领域已形成一批基础性和核心制度创新，并在实践中不断成熟、定型，为全国自贸试验区建设提供基础性制度框架。既要积极探索政府经贸和投资管理模式创新，促进贸易和投资便利化，扩大服务业开放；又要防范各类风险，推动建设具有国际水准的投资贸易便利、监管高效便捷、法制环境规范的自由贸易试验区，使之成为推进改革和提高开放型经济水平的“试验田”，形成可复制、可推广的经验，发挥示范带动、服务全国的积极作用，促进各地区共同发展。通过构建与各国合作发展的新平台，推进我国从单纯的与国际惯例接轨转向主动应对全球化竞争，在全球化经济竞争中主动积累经验，让中国从被动逐渐走向主动。拓展经济增长的新空间，打造中国经济升级版。

三、上海自贸试验区优势

上海一直是中国改革开放的前沿，肩负着推动长三角地区一体化和长江经济带发展的重任，在中国经济建设和社会发展中具有十分重要的地位和作用。通过近几年来上海金融改革与创新，目前上海陆家嘴的金融资源配置核心功能越来越强大。此外，一批面向国际的金融交易平台已正式运行，境外机构通过黄金国际板进行国际黄金交易的规模也不断扩大，上海金融的国际定价话语权不断增强。金融市场运行整体平稳，市场参与者稳步增加。上海有良好的金融生态环境，而自贸试验区有这样的有利条件，有助于下一步的开放，在国家大的战略框架下推进，比如资本账户可以逐渐稳步开放，上海自贸试验区在这方面可以进一步增加试点、加大创新力度。同时自贸试验区贸易自由度的提高也会对金融自由度提出更高要求，而金融自由度的提高又会促进贸易发展。可见贸易要上到高层级，就必须要与金融挂钩，必须与资本流通挂钩，才能更好地促进自贸试验区的探索和发展。

上海自贸试验区的另一大优势就是先行先试，打造具有国际高水准的制度创新高地，形成可复制、可推广的经验。如今的上海自贸试验区制度创新正向纵深推进，不仅是制度创新的“试验田”，也是衔接国际通行规则的制度创新高地，进一步夯实了上海开放前沿的地位。

四、上海自贸试验区创新政策

随着我国改革任务的推进，反映在实体经济中的一个显著特征，就是外资以更快的速度涌入，特别是在上海自贸试验区内，外资企业在所有新设企业中的占比明显提升，这些均离不开上海自贸试验区一系列首创性的制度创新，进一步激发了市场创新活力和经济发展动力。上海紧紧抓住自贸试验区建设的基本定位和关键环节，在全国率先开展实施了外商投资负面清单、“先照后证”、国际贸易“单一窗口”、自由贸易账户、宏观审慎的金融综合监管制度、分类综合执法等一系列重大基础性改革，为全国深化改革和扩大开放提供了可借鉴的制度和改革经验。上海自贸试验区运行过程中，其所彰显出的法制化、国际化、便利化的营商环境，就是实实在在的生产力。从“政策倾斜”向“消除政策壁垒”转变、从“制造业特区”向“服务业特区”转变、从“引进来”向“走出去”的开放型经济转变，让上海自贸试验区正在形成一个放得更活、管得更好、服务更优的营商环境。

（一）外商投资管理

在成果中最具制度创新代表性的是上海自贸试验区制定的中国第一份外商投资准入特别管理措施，也是我国第一个外商投资负面清单。确立了以负面清单管理为核心的投资管理制度，形成了与国际通行规则一致的市场准入方式。这张负面清单厘清了政府权限和市场范围，明确了到底什么情况需要政府监管，什么情况需要向政府报备，让外商投资变得简单、公平。随后逐步探索实施跨境服务贸易负面清单管理模式，旨在推进跨境服务贸易负面清单管理的法治化、制度化、规范化和程序化，是全国第一份确定以负面清单模式对服务贸易进行管理的地方政府文件；同时以建设开放度最高的自由贸易试验区为目标，它又是全国第一张服务贸易领域的负面清单。不断缩短的外商投资负面清单和持续扩大的开放空间，形成更大的外商投资空间。

自贸试验区的优势就是消除政策壁垒，就是要探索出一套做法，让负面清单越来越短。不列入负面清单的，手段包括两个：一个是准入放开，一个是国民待遇，对所有的国资、外资、民资，所有的企业都一视同仁，负面清单外政府都不审批，完全由市场主体决定，负面清单以内的是高度透明的管理模式。这表明自贸试验区不再依靠政策来作为企业投资、生产的动力，而是通过营造公平、公开、诚信、有序的市场环境，提供良好的市场服务来促进投资和生产。这既成为企业发展的核心环境，也是颠覆性的改革和创新。

（二）贸易监管

在贸易监管领域，上海自贸试验区借鉴国际经验，海关、检验检疫、海事等口岸监管部门率先推出建立并不断升级了“先进区、后报关报检、批次进出集中申报”“十检十放”以及实施国际贸易“单一窗口”等一系列创新型口岸监管创新措施，探索建立了符合高标准贸易便利化规则的贸易监管制度，同时运用货物状态分类监管促进了区内货物、服务等各类要素的管理和自由流动，促进了贸易便利化发展。为提高企业效率、节省成本，上海自贸试验区还推出了“先照后证”“一区注册、四地经营”等举措来促进企业入驻和发展。上海自贸试验区贸易管理制度逐步实现一线放开、二线管住、区内不干预的国际公认标准规范，缩小了我国现行制度与国际通行规则的差距，为我国加入更高标准的投资、贸易协定打下基础。货物进出口海关通关时间压缩近1/3，企业物流成本平均降低约10%。通过实施国际贸易“单一窗口”管理制度，口岸货物申报和船舶申报100%通过“单一窗口”办理，服务企业数超过27万家。企业申报数据项在船舶申报环节缩减65%，在货物申报环节缩减24%，累计为企业节省成本超过20亿元，贸易环节各个方面均能体现出自贸试验区新措施的意义。各种创新性改革办法已在全国范围、长江流域范围、海关特殊监管区域等分阶段有序推广实施，更好地推动贸易发展。

（三）金融管理制度

作为上海国际金融中心建设核心承载区，上海自贸试验区最有条件将国家金融服务业开放重大举措率先落地。2018年上海自贸试验区推出了《中国（上海）自由贸易试验区关于扩大金融服务业对外开放进一步形成开发开放新优势的意见》，其中跨国公司外汇资金集中运营管理是上海自贸试验区金融改革的一项重要政策，受益于上海自贸试验区入境货物"先进后报"、无纸化通关等一系列新政策。持续的金融开放创新和更好的融资环境得益于创新性的政策措施。一是建立双向资金池，允许跨国的企业能够自由调拨资金。二是放松了对外投资的审批权，在自贸试验区注册的企业对外投资在1亿美元以下的情况可以实行备案制，推动金融对外开放，让个人和企业通过自贸试验区进行资金往来，实现投资便利化。与此同时，还有金融利率市场化改革，把金融与贸易结合建立大宗商品交易所等举措。上海自贸试验区持续深化金融开放创新步伐，出台扩大银行业、证券业、金融市场等金融服务业对外开放的25条意见，覆盖吸引外资金融机构集聚、便利外资金融机构落户等六个方面，凸显了上海自贸试验区在扩大金融业对外开放中的"试验田"作用。

（四）自由贸易账户实施

作为一个本外币一体化账户，自由贸易（FT）账户资金的跨境流动管理，采取一线审慎监管、二线有限渗透的原则。也就是说，FT账户一线连通境外账户、自贸试验区内的FT账户，可以实现与两类账户之间的资金划转，以及经常项下和直接投资的自由汇兑；二线连通境内账户，可以与境内其他账户实现有限渗透，资金划转视同跨境业务管理。不占用外债规模、不办理现金业务。相比境内普通账户体系的金融服务，FT账户实现了跨境金融领域的国民待遇原则，使区内和境外机构享受同等服务，也有利于提高跨境资金流动的便利性。目前，FT账户可以提供包括跨境融资、跨境并购、跨境理财、跨境发债等经常项目和资本项下的本外币一体化金融服务。根据要求共将四大类企业纳入自由贸易账户拓展名单，分别是："上海科技创新职业清单"内的机构；有跨境筹资、增资扩股、收购兼并、上市、资金集中管理等实际跨境需求的科创类企业，以及在其发展周期中起推动作用的市场主体，如科技创新初期引入的境外种子基金、天使基金、境外风投资本、融资提供主体等；服务"一带一路"建设和"走出去"的有国际贸易结算和融资需求的实体企业；总部经济相关的实体企业，有设立全功能型跨境双向人民币资金池需求，在岸集中管理全球人民币资金的跨国企业等；遵循绿色投资、科创投资等理念，且重点投向上海科创中心建设、绿色环保、"一带一路"建设相关领域，支持实体经济增强资本实力的跨境股权投资企业。

（五）综合监管执法

上海自由贸易试验区在原有的监管执法制度下，通过创新和改革建立了新的综合监管执法制度框架，从原来的事前审批和主体监管转向事中事后监管和功能监管，以提高自贸试验区监管的高效便捷。在上海全市率先实施"一网通办"的背景下，浦东新区327项涉企事项已全部进入网上政务大厅，53%的事项实现不见面审批，47%的事项实现"只跑一次"，实际办理时间比法定时限压缩85%。高效的业务办理为企业降低了成本，加快了企业办理业务的速度。同时一网通办也为自贸试验区监管和执法部门提供了较为便捷精准的监督和检查方式，通过数据互联网可追溯性、数据备份监控等措施提高自贸试验区营商环境。在营商环境中还有非常重要的一环是法制环境。事实上在2019年2月公开征求意见的《外商投资法》，其立法工作一直在加速，这是中国对外商投资促进、保护、管理的基本制度。与此同时，我国还在全面清理对外资单独设置的准入限制，确保市场准入的内外资标准一致。准入后的阶段，也在政府采购、产业政策、上市融资等方面保障外企的公平待遇。促进上海自贸试验区更快更好地形成一个放得更活、管得更好、服务更优的营商环境。

第二节　天津自贸试验区实践与探索

一、天津自贸试验区发展历史

2014年12月12日中央决定设立天津自贸试验区，试验区总面积为119.9平方公里，主要涵盖3个功能区，天津港片区、天津机场片区以及滨海新区中心商务片区。2015年4月20日，国务院关于印发中国（天津）自由贸易试验区总体方案的通知（国发〔2015〕19号）发布。2015年4月21日，中国（天津）自由贸易试验区正式挂牌。

自成立起，天津自贸试验区积极推进制度创新。试点以来，天津自贸试验区实施集中统一的行政审批机构，贯彻“一颗印章管审批”，审批时限缩短了50%以上；企业设立登记制度改革方面，在全国率先推行“一照一码”登记制度，将涉税事项纳入联合审批，将负面清单以外的外商投资企业备案并设立合并受理，实现了企业设立“一照一码一章一票一备案”一天办结，极大地提高了服务效率。

2015年12月9日，为促进天津自贸试验区实体经济发展，加大对跨境贸易和投融资的金融支持，中国人民银行发布了《关于金融支持中国（天津）自由贸易试验区建设的指导意见》（以下简称“金改30条”）。

2016年5月，天津自贸试验区推出民办非企业单位设立登记相关行政审批“多项合一”，实现一次受理，一次办结。同年，注资规模100亿元的京津冀产业结构调整引导基金在天津自贸试验区正式设立。

2017年年初，天津自贸试验区中心商务片区正式推行“税务综合一窗”。同年，实行企业名称自主申报和简易注销登记制度，降低了企业设立和退出成本。此外，“就业即落户”政策落地实施，引进了大批人才，初步形成了创新金融、科技互联网、国际贸易和跨境电商三大特色产业集群。

截止到2018年底，“金改30条”中准予实施政策已全部落地。3年来，区内企业开展全口径跨境融资宏观审慎管理业务，有效拓宽了跨境融资渠道；租赁创新政策效果逐步显现。融资租赁可收取外币租金、售后回租项下外币支付货款，企业因此减少汇兑损失最高达2%；中国人民银行天津分行与北京营管部、石家庄中心支行共同制定了协调机制，较好地实现了金融支持京津冀协同发展与推动天津自贸试验区金融改革创新的有机结合。

2018年5月24日，《国务院关于印发进一步深化中国（天津）自由贸易试验区改革开放方案》的通知发布（以下简称《深改方案》），表明天津自贸试验区正式进入“2.0时代”。《深改方案》主要体现在行政审批、市场准入、金融创新、国际贸易、海关检验检疫综合监管、口岸服务、要素市场配置和事中事后监管等八个方面。

同年，天津自贸试验区建立任务台账、信息报送和工作联系函制度，《深改方案》128项任务全部启动实施，且一年时间内，128项任务已完成超八成。天津市场监督委开辟绿色通道，自贸试验区管委会建立了督查统计制度。天津自贸试验区还积极搭建创新创业平台，设立10亿元“双创”发展资金，出台十项政策措施。2019年5月，在天津自贸试验区东疆片区注册成立的嘉和国际融资租赁（天津）有限公司通过融资租赁方式出口的第一批35辆牵引车，成为我国企业以融资租赁方式出口汽车的第一单业务，为今后我国企业向“一带一路”等新兴市场国家出口汽车探索了可复制可推广的新模式。

天津自贸试验区自成立五年来，大力培育新兴产业，推动国家租赁创新示范区建设，发起设立租赁创新产业基金，探索SPV租赁、离岸租赁等40多种租赁交易模式，在融资租赁、保税维修、平行进口汽车等领域形成了一批可复制可推广的宝贵经验。

二、天津自贸试验区发展定位

第一，自天津自贸试验区试点以来，汽车平行进口就作为重点发展方向，成立了平行进口汽车试点工作协调小组，建立了联席会议机制，出台了《中国（天津）

自由贸易试验区汽车平行进口试点管理暂行办法》《天津市商务委等10部门关于促进天津口岸整车进口若干措施》等多项政策措施，报检出证不超过5日、港口7天免堆存等50余项创新举措和服务承诺集中“亮相”，极大地激发了市场活力，促进了行业发展，产业主体规模和集聚辐射效应实现新跃升。

第二，支持租赁业发展，是天津自贸试验区一大特色。中飞租融资租赁有限公司是“账户通起来”的直接受益者。该公司为旗下46架飞机各自成立的单机SPV公司，之前需要境外融资时，每一笔都必须申请外汇额度，过程漫长复杂。在中国人民银行天津分行协助下，中飞租赁公司搭建了跨国公司外汇资金集中运营管理平台。

第三，促进京津冀协同发展是天津自贸试验区的一大使命。天津同北京、河北积极申报“京津冀自由贸易港”，为京津冀服务，并打造成京津冀地区对外开放的平台。天津已有20多家金融机构与京冀金融机构建立了长期战略合作关系，同城化服务取得实质进展。

三、天津自贸试验区优势

天津自由贸易试验区，是中国大陆北方第一个自由贸易试验区，地处天津的滨海新区，背靠京冀，辐射东北、西北、华北，是“一带一路”中重要的环节，发展突飞猛进。

首先，政策租金优势。在自由贸易试验区的发展过程中，通过负面清单管理和放松管制，真正使市场在资源配置中起决定作用，通过制度创新使自由贸易试验区的发展拥有充足的政策红利。

其次，交通区位和市场邻近优势。天津自由贸易试验区位于渤海湾的中心，邻近京津两大高端市场，腹地广阔。

最后，产业基础优势。与其他自由贸易区相比，天津自由贸易试验区依托北京这个国家政治中心、科技创新中心、文化中心和国际交往中心，科技创新资源富集，产业基础雄厚。其中，自由贸易试验区和两大自主创新示范区的有机结合，将催生出新的科技产业革命浪潮和全球生产组织新形态。

四、天津自贸试验区创新政策

首先，“放管服”改革深入推进。在全国率先建立了集中统一的行政审批机构，“一颗印章管审批”，审批时限压缩50%以上。加快推进“证照分离”改革试点，涉及取消审批、审批改备案、简化审批实行告知承诺制等5类92项行政许可事项改革全部启动。实现企业设立“一照一码一章一票一备案”一天办结。试行了企业名称自主申报制度和企业简易注销登记办法。首创国地税“综合一窗”办税模式，一窗统办、一次性办理企业6大类192项涉税事项。

其次，形成更加透明开放的投资管理制度。全面实行外商投资负面清单管理，对负面清单之外领域，实行外商投资备案管理，办理时间由8个工作日缩减到1个工作日。推进境外投资管理方式改革，办结时间从3个月缩短至1天。设立对外投资合作“一站式”服务平台，累计备案境外机构181家，投资额416亿美元，中方投资额210亿美元。

再次，贸易便利化水平不断提升。设立国际贸易“单一窗口”，具备130多项服务功能。出台29项通关便利化措施，平均通关时间由原来的1至2天缩短到2个小时，节约报关成本70%；货物流转时间缩短50%，降低物流成本30%。出台48项检验检疫便利化措施，2017年口岸审单放行比例达57%，平均通关放行时间缩短55.6%。

此外，海关便利化探索已向全国推行。天津自贸试验区深化贸易监管制度创新，区域口岸通关效率优于国际一流水平。设立国际贸易“单一窗口”，具备130多项服务功能，申报效率提高了25%。海关出台三批29项海关通关便利化措施，企业货物流转时间节约50%，成本节约近30%，平均通关时间由原来的1至2天缩短到2个小时，节约报关成本70%。

最后，形成一批改革试点经验。建立与全市各区联动发展机制，推出73项制度创新举措，企业名称自主申报、市场主体简易注销等创新经验在全市推广实施。向国家上报127项试点经验和31个创新案例，其中15项经验和3个案例向全国推广。

第三节　福建自贸试验区实践与探索

一、福建自贸试验区发展历史

2014年12月12日，国务院决定设立中国(福建)自由贸易试验区；同年12月26日，十二届全国人大常委会第十二次会议决定设立中国(福建)自由贸易试验区。2015年4月，福建自贸试验区挂牌成立，实施范围118.04平方公里，包括福州、厦门、平潭三个片区。国家赋予福建自贸试验区的战略定位是建设改革创新试验田、深化两岸经济合作示范区、面向21世纪海上丝绸之路沿线国家和地区开放合作新高地。

2016年12月，中欧(厦门)班列成为全国首条加入中欧“安智贸”项目(全称“中欧安全智能贸易航线试点计划”)的铁路线，令企业货物输欧更快捷、安全。

2018年5月，国务院印发《进一步深化中国（福建）自由贸易试验区改革开放方案》。方案提出，对标国际先进规则，深入推进各领域改革创新；持续推进简政放权，进一步提升政府治理水平；加强改革系统集成，形成更多可复制可推广的制度创新成果；进一步发挥沿海近台优势，深化两岸经济合作；加强交流合作，加快建设21世纪海上丝绸之路核心区。根据方案，到2020年，率先建立同国际投资和贸易通行规则相衔接的制度体系，形成法治化、国际化、便利化营商环境，打造开放和创新融为一体的综合改革试验区、深化两岸经济合作示范区和面向21世纪海上丝绸之路沿线国家和地区开放合作新高地。强化自贸试验区改革同福建省改革的联动，各项改革试点任务具备条件的在福州市、厦门市和平潭综合试验区范围内全面实施，或在福建省推广试验。

2018年5月24日，《进一步深化中国(福建)自由贸易试验区改革开放方案》(以下简称《深化方案》)正式对外发布实施。

2020年1月出台了《厦门自贸片区重点平台三年行动方案》，全面推进航空维修、融资租赁、跨境电商等14个重点平台建设，进一步发挥“金融+”“供应链+”“自贸+”等功能特色，探索推进“平台+产业”的建设模式。目前已梳理推出了集成电路、生物医药与健康等“平台+产业”，通过平台服务从产业基地发展、借助产业基地推动平台建设促进政策叠加、优势互补，促进产业联动协同发展。

二、福建自贸试验区发展定位

福建自贸试验区围绕立足两岸、服务全国、面向世界的战略要求，充分发挥改革先行优势，营造市场化、法治化、国际化营商环境，把自贸试验区建设成为改革创新试验田；充分发挥对台优势，率先推进与中国台湾省投资贸易自由化进程，把自贸试验区建设成为深化两岸经济合作的示范区；充分发挥对外开放前沿优势，建设21世纪海上丝绸之路核心区，打造面向21世纪海上丝绸之路沿线国家和地区开放合作新高地。坚持扩大开放与深化改革相结合、功能培育与制度创新相结合，加快政府职能转变，建立与国际投资贸易规则相适应的新体制。创新两岸合作机制，推动货物、服务、资金、人员等各类要素自由流动，增强闽台经济关联度。加快形成更高水平的对外开放新格局，拓展与21世纪海上丝绸之路沿线国家和地区交流合作的深度和广度。经过三至五年改革探索，力争建成投资贸易便利、金融创新功能突出、服务体系健全、监管高效便捷、法制环境规范的自由贸易园区。

三、发展优势

（一）区位优势明显

福建省地处东南沿海，北接长江三角洲，南接珠江三角洲，独特的地理位置使其成为我国沿海经济带的重要组成部分。2015年，福建地区生产总值2.6万亿元，居全国第11位，实际GDP增速达9%，在沿海省份中位居第二。同时，福建省与台湾省地理位置毗邻，历史源远流长，文化同根同源，使得福建自贸试验区担负着促进两岸经贸文化交流与合作的特殊使命。2015年，福建对台湾省进出口总额693.59亿元，其中，出口额232.16亿元，进口额461.43亿元，贸易逆差229.27亿元。因此，福建自贸试验区的发展对深化闽台产业合作，推动两地贸易自由化具有重要意义，尤其是与“台湾自由经济示范区”对接是福建自贸试验区区别于其他自贸试验区的最明显的区位优势。

（二）发展基础良好

福建省大陆海岸线长3752公里，分布着125个港湾，拥有丰富的港口海洋资源。全省沿海港口深水泊位数达143个，深水泊位比率接近30%，专业化泊位通过能力比例接近80%，已初步形成海西港口群，逐步成为两岸海上往来的主枢纽。2015年，福建沿海港实现货物吞吐量5.03亿吨，其中外贸货物吞吐量2.02亿吨，集装箱吞吐量1363.69万标箱。同时，福建省水产品、林产品、农产品、石材等自然资源十分丰富，特别是以金属和非金属矿品居多。例如，福建龙岩的紫金矿和厦门钨业年产量大、产值高，都属于国内外知名的产业。借助这些丰富的空间资源和自然资源，福建省的优势产业特点非常明显，为福建自贸试验区的发展奠定了良好基础。

（三）片区优势产业突出

福建自贸试验区中的三片区域有着各自的优势产业。平潭片区的优势产业主要集中在旅游休闲、港口航运、文化创造等产业，而福州片区优势产业则以电子信息、生物科技、精密机械、现代金融等为主，力争打造“海上丝绸之路”战略枢纽城市。厦门片区是福建自贸试验区面积最大的组成部分，面积达43.78平方公里。厦门作为重点建设对象，一是作为两岸贸易中心，可以重点发展国际金融、高新技术研发、会展业和高端服务业等新型产业；二是作为东南国际航运中心，可以发展现代物流等现代临港产业。

四、创新政策

五年来，福建自贸试验区大胆试、大胆闯，各项工作取得重大进展，形成了一批独具福建特色、对台先行先试的制度创新成果。经济发展动能显著增强。福建自贸试验区充分利用自贸试验区制度创新优势和“保税+”“金融+”等政策，培育了物联网、航空维修、融资租赁、跨境电商、进口酒等重点平台，发展了集成电路研发设计、海运快件、中转集拼等一批新业态新模式，形成了一批新兴产业集聚区。充分发挥自贸“磁吸效应”，吸引人流、物流、资金流、信息流、技术流源源不断流入。

其次，政府治理水平大幅提升。自贸试验区着力深化“放管服”改革，建立了与市场规则相适应的服务型政府。简政放权领域，用政府权力的“减法”来换取市场活力的“加法”甚至是“乘法”。政务服务领域，利用“互联网+政务”，实施“一窗办”“网上办”“马上办”等举措，不断提升政务服务质量，加快构建新型监管机制，利用信息化手段提升监管水平。

第四节　广东自贸试验区实践与探索

一、广东自贸试验区发展历史

1980 年，经全国人大批准，深圳、珠海、汕头三个经济特区正式设立，广东成为改革开放的最前沿。但改革开放三十余年后，社会主义市场经济体制在我国普遍建立，经济特区“窗口”作用日益淡化，在国内外激烈的市场竞争中经济特区亟须寻找新的突破口，继续发挥“特区”作用。

正是在此背景下，2008—2012 年期间，国务院先后批复印发了《珠江三角洲地区改革发展规划纲要（2008—2020 年）》《前海深港现代服务业合作区总体发 展规划》《关于广州南沙新区发展规划的批复》等规划纲要，珠海横琴新区、广州南沙新区陆续挂牌成立，广东由此实现了由三个经济特区到三个国家级新区的跨越。

2013年7月23日，广东省政府在《实施珠三角规划纲要2013年重点工作任务》中明确提出，南沙新区在当年内启动申报自由贸易园区。2013 年广东省政府工作报告中提出“落实粤港、粤澳合作框架协议，深化 CEPA 先行先试，积极推进粤港澳率先基本实现服务贸易自由化”；2014年广东省政府工作报告中明确提出“继续发挥经济特区带动作用，申报设立自由贸易园区”。

2014年12月12日，国务院常务会议上提出在广东、天津、福建特区区域再设三个自由贸易园区。2014年12月29日，广东自贸试验区范围公布，其中广州南沙片区60平方公里、深圳前海蛇口片区28.2平方公里、珠海横琴片区28平方公里，共116.2平方公里。2015年4月21日，中国(广东)自由贸易试验区在广州南沙区举行挂牌仪式。广东自贸试验区立足面向港澳台深度融合，从此广东由经济特区时代跨入自贸试验区时代。

二、广东自贸试验区发展定位

广东自贸试验区包括三个片区，分别是广州南沙片区、深圳前海蛇口片区和珠海横琴片区。三个片区的定位各有侧重，互补发展，以点带面，促进广东产业结构的转型升级，推动粤港澳经济战略合作的高度融合。

（一）广州南沙片区

广州南沙片区面积共60平方公里，分为七个区块。南沙位于珠三角的中心位置，具有综合性优势，着力发展特色金融、国际物流、国际商贸、高端制造等产业，致力于建设现代型服务产业，打造国际性高端生产性服务业集聚高地，创建世界先进水平的国际性枢纽港。

2018年南沙片区生产总值达1458.41亿元，同比增长6.5%；商品销售总额1861 亿元，增长17.3%；当年进出口总值共 2063.9 亿元，同比增长 5.8%，其中进口额为 972.1 亿元，同比增长 20.9%。具有规模以上工业的企业产值共2421亿元，同比增长7.8%；现代服务产业占第三产业比例高达63.1%。区内今年新设企业约 3.8万家，新增注册资本达8323.8亿元；新设外资企业数量剧增，约为上年的 3.3倍。聚集金融和类金融机构共 3061 家，同比增长76%。区内当年实现货物吞吐量约3.56亿吨，同比增长6.5%；其中集装箱吞吐量约1566.1万标箱，增长了11.4%。

（二）深圳前海蛇口片区

深圳前海蛇口片区规划面积共28.2平方公里，分为前海、蛇口两个区块，前海区块面积15平方公里，蛇口区块面积13.2平方公里。中国香港是世界第三大金融中心，国际贸易中心和国际科技创新中心。深圳地理位置上毗邻香港，着力整合深港两地资源，集聚全球高端要素，重点发展国际金融、现代物流、科技服务、信息服务、港口服务、专业服务等战略性新兴产业，不断推进深港经济深度融合合作发展，加快培育国际竞争新优势，打造亚太地区重要生产性服务业中心、世界性服务贸易中心以及国际性枢纽港。

自2015年挂牌以来，前海蛇口片区的经济总量、产业能级迈上新台阶，注册企业增加值从1019亿元增加至2018年的2510亿元。在外商投资方面，新批准外商投资企业达4103家，增长了43.0%，实际利用外资约45.08亿美元，同比增长1.3%。进出口总额共6087亿元，进出口贸易增速高达30%。已注册港资企业共10800家，企业注册资本约10749.04亿元。截至2018年底，前海企业在境外直接投资 479 家企业或机构，中方协议投资额约 78.32亿美元。区内贸易规模还实现了两个“千亿”，一个是区内进出口总值达1152亿美元；第二是保税港区的进出口总值共157亿美元、合计人民币约1065亿元，单位面积产出值首次超千亿元。

（三）珠海横琴片区

珠海横琴片区在广东省珠海市的南部地区，与澳门相隔一河，最近处两地距离仅187米。片区总面积共28平方公里，分为五大区块。其天然的区位、环境和政策优势，吸引了港澳地区和国际高端人才及服务资源，重点发展健康休闲、旅游、商务金融、文化科教研发和高新技术等产业，建设区域性商务服务基地、国际性旅游度假基地、区域性科教研发平台以及国家级高新技术产业基地，打造经济多元化发展的新载体。

2018年横琴片区实现地区生产总值约244.15亿元（不含保税区），增长了12.9%；其重点项目累计完成投资约412.41亿元，项目完成率达 102.7%；固定资产投资达 572.20 亿元（不含保税区），增长了40.9%，投资总量排名在珠海市各区中稳居第一。

三、广东自贸试验区发展优势

（一）抓紧政策福利，进行改革创新

广东自贸试验区的成立不同于其他改革开放，它是以对外开放来迫使自贸试

验区改革创新。在国家政策上，相对于其他地区，国家对广东自贸试验区没有太多的政策约束，相比其他自贸试验区，广东自贸试验区有更大的开放和自主权。从以前只有一个上海自贸区负面清单到现在四个自贸试验区统一采用新版负面清单，从中不难看出中国将有更多的区域发展为以审批为主的投资管理制度。单从数字层面上看，与上海自贸试验区2014版的特别管理措施相比，新版的负面清单减少了17项，其比例缩减了12%，缩减最多的是制造业。广东自贸试验区抓住政策福利，进行改革创新，与国家的“一带一路”政策进行对接。广东自贸试验区通过制度创新，将高端装备制造业发展起来，使自贸试验区加紧跨入工业4.0时代，提供产业技术核心竞争力，研究可以复制推广的发展策略和市场机制。

（二）发挥地区优势

广东自贸试验区依托毗邻港澳的良好地理位置在发展中占有绝对优势。深圳前海蛇口与香港接壤，而珠海横琴新区则是与澳门接壤，依托香港澳门促进了广东自贸试验区的经济发展。在广东全省进出口总额中，广东对香港澳门的进出口额就占了差不多60%。不仅如此，在全省外商对广东的投资中，香港澳门的投资占的份额也是将近60%。广东自贸试验区最大的发展特点就是进行粤港澳合作。澳门成功的经济发展经验和模式，有很多方面值得珠海横琴自贸试验区参考借鉴来进行改革创新。这相当于是按照澳门模式再把珠海打造成一个相似的现代化大都市。深圳前海蛇口相对于其他两个片区，聚集了更多有创新思维的创业者，比如华为、腾讯等高新技术产业龙头企业。在深圳前海蛇口自贸试验区，最具有国际范的地区便是前海。深圳进行改革开放时，蛇口是“经济特区里的特区”，两个地区新老结合，必定能为自贸试验区的再次改革开放带来新变化。

四、创新政策

（一）金融制度创新

根据《中国人民银行关于金融支持中国（广东）自由贸易试验区建设的指导意

见》，支持广东自由贸易试验区的建设，构建与自贸试验区跨境和投资便利化相适应的金融服务体系。文件对构建金融服务体系的总体原则、扩大人民币跨境使用、深化外汇管理改革、开展区域金融合作、提升金融服务水平以及进行风险监测与管理等进行了详细规定：通过拓展人民币业务方便货币标准化，发展外债、资本项目及外汇衍生品服务促进贸易投资便利化；通过发展与港澳地区的跨境人民币业务、金融同业业务以及金融市场对接，深入与港澳地区的金融合作，同时支持粤港澳在自贸试验区设立人民币海外投贷基金，并扩大支付服务领域、征信服务业对港澳地区开放；通过建立与自贸试验区相适应的账户管理体系、完善创新驱动的金融服务以及创建金融集成电路卡示范区、推动试验区社会信用体系建设，提升其金融服务水平。

（二）文化产业创新

根据《文化部关于实施中国(广东)自由贸易试验区、中国(天津)自由贸易试验区、中国(福建)自由贸易试验区文化市场管理政策的通知》，允许在试验区内设立外资经营的演出经纪机构、演出场所经营单位为本省（市）提供服务，允许在试验区内设立外资经营的娱乐场所，只要符合相关法律法规，同时向有关部门提出申请即可。这一政策放宽了自贸试验区内文化产业限制，促进自贸试验区进一步开放。

（三）海关制度创新

根据《海关总署关于印发支持和促进中国（广东）自由贸易试验区建设发展的若干措施的通知》，广东自由贸易试验区应全面复制推广上海自贸试验区海关监管创新制度，深化自贸试验区通关一体化改革，落实“三互”提高自贸试验区通关效率，创新监管查验机制、加工贸易监管制度及企业管理制度，推进海关税收征管方式改革，试行企业“主动披露”制度，促进自贸试验区贸易便利化。拓展海关特殊监管区域功能，实施内销选择性征收关税政策，加快海关特殊监管区域整合优化，推动区内外联动发展，从而实现自贸试验区内部稳定增长和结构调整。支持新兴贸易业态发展，包括跨境电子商务、研发设计及检测维修业务、期货保税交割业务、保税展示业务、融资租赁业务等，促进自贸试验区改革创新。同时发挥区域产业优势，支持加工贸易转型升级，发展航运物流、现代服务业等，创新粤港澳快速通关模式，探索创新分线管理模式，促进粤港澳深度合作开展。通过实施知识产权保护、打击走私以及开展风险防控培育法治化营商环境，维护自由贸易试验区秩序公平公正。

（四）商事制度改革

根据《工商总局关于支持中国（广东）自由贸易试验区建设的若干意见》，支持广东自贸试验区深化商事制度改革，进一步扩大开放，营造市场化、法治化、国际化营商环境。文件围绕工商事务展开，包括推进自贸试验区“三证合一”登记制度改革，推行电子营业执照和全程电子化登记管理，授权三个片区工商登记机关的登记管辖权，支持开展集团登记制度改革，深化商事制度改革监管工作以及共享企业信用信息公示系统等。

（五）加快营商环境改善

根据《国务院关于印发中国（广东）自由贸易试验区总体方案的通知》，通过优化法制环境、创新行政管理体制以及宽进严管的市场准入和监管制度来塑造国际化、市场化、法制化的营商环境。文件强调进一步扩大对港澳服务业开放、促进服务要素便捷流动来推进粤港澳服务贸易自由化，同时推进贸易发展方式转变、增强国际航运服务能力、强化国际贸易功能集成，通过推动跨境人民币业务创新发展、金融创新来深化金融领域开放，通过引领珠三角地区加工贸易转型升级、打造泛珠三角区域发展综合服务区以及建设内地企业和个人对外投资平台来增强自贸试验区的辐射带动功能。上海自贸试验区的监管服务模式和税收政策可推广复制到广东自贸试验区。

第五章

制度创新篇（1）：营商环境创新

第一节　营商环境简介

2019年10月24日，世界银行发布《2020年营商环境报告》。中国的全球营商便利度排名继2018年大幅提升32位后，2019年又跃升15位，升至全球第31位。据世界银行调查报告显示，由于“大力推进改革议程”，中国连续两年跻身全球优化营商环境改善幅度最大的十大经济体。

为持续深化“放管服”改革，优化营商环境，激发市场活力，增强发展内生动力，经国务院同意，2020年7月21日发布《国务院办公厅关于进一步优化营商环境更好服务市场主体的实施意见》。《优化营商环境条例》是为持续优化营商环境，不断解放和发展社会生产力，加快建设现代化经济体系，推动高质量发展制定的，由国务院于2019年10月22日发布，自2020年1月1日起施行。

一、营商环境的含义和内容

（一）营商环境的含义

营商环境是指市场主体在准入、生产经营、退出等过程中涉及的政务环境、市场环境、法治环境、人文环境等有关外部因素和条件的总和。

（二）营商环境的主要内容

营商环境包括影响企业活动的社会要素、经济要素、政治要素和法律要素等方面，是一项涉及经济社会改革和对外开放众多领域的系统工程。

一个地区营商环境的优劣直接影响着招商引资的多寡，同时也直接影响着区域内的经营企业，最终对经济发展状况、财税收入、社会就业情况等产生重要影响。

良好的营商环境是一个国家或地区经济软实力的重要体现，是一个国家或地区提高综合竞争力的重要方面。

二、世界银行衡量营商环境的主要指标

企业营商环境指标是世界银行为衡量各国小企业运营的客观环境而设计的，主要指标共10项。企业营商环境指标排名代表该国企业营商的难易程度。

2001年，世界银行提出加快发展各国私营部门新战略，急需一套衡量和评估各国私营部门发展环境的指标体系，即企业营商环境指标体系。为更好地实施促进各国私营部门发展的战略，世界银行成立了Doing Business小组，负责企业营商环境指标体系的创建。经过几年的努力，Doing Business小组将企业营商环境指标由2004年的五组发展到2005年的十组。

（一）开办企业（4个维度）

该项指标反映的是开办企业的难易程度，主要测评一家小型或中型有限责任制公司从注册到正式运营需要办理的手续、耗费的时间和费用。

数据采集时，世界银行为了让190个经济体的数据具有可比性，他们设定的调查对象是一个标准化企业。第一，形式上该企业100%由本国业主所有，也就是我们通常讲的内资企业。第二，资金上该企业拥有10倍于当地人均收入的启动资金。第三，经营范围上该企业从事一般性工业或商业活动。第四，用工上该企业在运营的第一个月内雇佣10到50人。

评价项目主要包括4个维度:“程序”（企业登记所需办理的程序总数）；“时间”（企业登记所需的总天数）；“成本”（成本占经济体人均收入的百分比）；“最低实缴资本”（企业在登记时必须存入银行或经公证的资本数额）。

（二）办理施工许可（4个维度）

该项指标反映的是企业建设标准化厂房的难度，主要测评企业建设一个仓库所

需要的手续、时间和费用，包括获取必需的许可证和批文、提交所要求的通告、申请和接受一切检查及获得公用设施的整个过程。同时，这个指标项还要考察建筑质量控制指数，评估建筑规章的质量、质量控制与安全机制、责任与保险制度、执业资格要求等情况。

评价项目主要包括4个维度:“程序”(新建厂房涉及的程序总数)；“时间”(办理所有手续所需的总天数)；“成本”(办理手续需要的费用占经济体人均收入的百分比)；“建筑质量控制”(这项指标涉及建筑法规质量、施工前质量控制、施工中质量控制、施工后质量控制、责任和保险制度以及专业认证等指数)。

(三) 获得电力 (4个维度)

该项指标反映的是企业获得电力供应的难易程度，主要测评一个企业为了使其新建的仓库获得永久的电力连接而办理的手续、花费的时间和费用。除此之外，还要衡量电力供应的可靠性，电费及电价的透明度。

评价项目主要包括4个维度:“程序”(获得电力所需办理的程序总数)；“时间”(获得电力所需的总天数)；“成本”(成本占经济体人均收入的百分比)；“供电可靠性和电费指数透明度”(该指标考量一年当中停电次数和电费是否透明且易于获知)。

(四) 登记财产 (4个维度)

这项指标反映的是企业获得产权保护的程度，主要测评注册登记一件财产所需完成的步骤、花费的时间和费用。这项指标也是基于一个标准化案例进行测评的，就是一个企业家购买并登记一处没有所有权纠纷的土地和建筑物所用的手续、时间和费用。

评价项目主要包括4个维度:“程序”(登记财产所需办理的程序总数)；“时间”(登记财产所需的总天数)；“成本”(成本占登记财产价值的百分比)；“土地管理系统质量指数”(这项指标涉及设施可靠性、信息透明度、地理覆盖、土地争议解决、平等获得财产权)。

（五）获得信贷（4个维度）

企业获得信贷支持的法律保护力度及便利程度，主要测评有关信贷的法律基础，信用体系覆盖的范围、途径和质量等。

评价项目主要包括4个维度："合法权利指数"(衡量法律保护借款人和贷款人并因此而促进贷款的程度)；"信用信息指数"(衡量信贷登记部门的信贷信息覆盖范围，以及信用信息获取的法制保障程度)；"公共信贷登记机构登记的个人和公司的数量"；"私营信用资料社登记的个人和公司的数量"。

（六）投资者保护（4个维度）

反映企业股东权益保护的力度。

评价项目主要包括4个维度："交易透明度"（披露范围）；"关联交易责任"（董事责任范围）；"股东起诉管理层及董事行为不当的能力"（股东诉讼难易程度)；"投资者保护力度"。

（七）纳税（6个维度）

反映企业所需承担的税负，以及缴付税款过程中的行政负担。

评价项目主要包括6个维度："纳税"（年度纳税总额）；"时间"（编制企业所得税、增值税和社保缴费报表，将其归档以及缴纳这些税费所需的时间）；"利润税"（企业缴纳的利润税额）；"劳动税及缴付"（企业缴纳的劳动力税额和费用）；"其他税"（企业缴纳的、尚未纳入利润或劳动力税目录的税额和费用）；"应税总额"（应付的税额和费用占其商业利润的比例）。

（八）跨境贸易（3个维度）

反映企业在进出口贸易方面的便利程度，主要测评标准是装运货物所涉及的成本和程序。

评价项目主要包括3个维度："文件"（进出口货物所需的文件总数）；"时间"（办理所有必要手续所需时间)；"成本"（进出口货物必办的所有手续相关的成本)。

（九）合同执行（3个维度）

反映合同执行的效率，主要测评企业间案件从原告向法院提交诉讼到最终获得解决所花费的时间、费用和步骤。

评价项目主要包括3个维度："时间"（解决争端所需时间，即从原告提起诉讼到实际解决期间的时间，包括采取行动的天数和等待时间）；"成本"（法院费用和辩护律师费占债务总值的比例）；"程序"（执行合同平均所需办理的手续数量）。

（十）办理破产（3个维度）

反映破产程序的时间和成本，以及破产法规中存在的程序障碍。

评价项目主要包括3个维度："时间"（关闭企业平均所需时间）；"成本"（办理破产手续平均所需成本占财产总值的比例）；"回收率"（债权人、税务部门和雇员从破产企业收回的款项占其投入的比重）。

第二节　负面清单制度——上海自贸试验区

上海自由贸易试验区作为我国的第一个自贸试验区，首创了“负面清单”制度，这些负面清单从最初的2013年的190条减少到2019年的33条。

一、上海自由贸易试验区在负面清单制度上的成就

负面清单制度是指国务院以清单方式明确列出在中华人民共和国境内禁止和限制投资经营的行业、领域、业务等，各级政府依法采取相应管理措施的一系列制度安排。市场准入负面清单以外的行业、领域、业务等，各类市场主体皆可依法平等进入。

（一）负面清单制度

探索对外商投资实行准入前国民待遇加负面清单的管理模式。负面清单列明不符合国民待遇等原则的外商投资准入特别管理措施，对负面清单之外领域，按照内外资一致原则实施管理。这意味着各类市场主体可依法平等进入清单之外领域。2013 年制定发布全国首份负面清单，上海自贸区负面清单依据法律法规作了大量梳理，按国民经济行业分类，列出18个门类，89个大类，419个中类，1069个小类，190条管理措施。约占试验区内1069个小经济行业分类的17.8%。在2013版负面清单的基础上，围绕提高开放度、增加透明度、调整负面清单表现形式等三个方面进行修订，出台了2014版负面清单。清单从2013版的190条管理措施减少到139条。2015版清单列出122项特别管理措施，统一适用于上海、广东、天津、福建4个自贸试验区。经过两年的调整，2015年版负面清单中外商投资特别管理措施压缩到122条，调整率达35.8%。2020版清单按照只增不减的原则，进一步缩减外商

投资准入负面清单。其中全国外商投资准入负面清单由2019年的40条减至33条，自贸试验区外商投资准入负面清单由37条减至30条。清单的变化主要表现在：加快服务业重点领域开放进程；放宽制造业、农业准入；继续在自贸试验区进行开放试点等方面。

（二）上海自贸试验区负面清单的变化

表5-1　2013-2019年负面清单主要变化

年份	数量	主要变化
2013 年	190 条	—
2014 年	139 条	（1）较 2013 版减少了 51 条，至 139 条，缩短幅度为 26.8%。 （2）与 2013 版的负面清单比较可见，新版上海自贸区负面清单中，有相当数量删减的条款，其实是进行了“合并同类项”的操作。 （3）新版负面清单还删除了“禁止投资博彩业（含赌博类跑马场）”以及“禁止投资色情业”的表述。
2015 年	122 条	（1）比 2014 年版减少 17 条。 （2）新版“负面清单”统一适用于上海、广东、天津、福建 4 个自贸试验区。
2016 年	122 条	（1）明确将不涉及国家规定实施准入特别管理措施的外商投资企业设立及变更，由审批改为备案管理。 （2）外商投资准入特别管理措施范围按《产业指导目录（2015）》中限制类和禁止类，以及鼓励类中有股权要求、高管要求的有关规定执行。
2017 年	95 条	（1）与上一版相比，共减少了 10 个条目、27 项措施，负面清单减少至百项以内，划分为 15 个门类、40 个条目、95 项特别管理措施。 （2）2017 版负面清单将覆盖现有的 11 个自贸试验区。新版负面清单减少的特别管理措施主要集中在制造业和服务业领域。
2018 年	45 条	（1）在放宽市场准入方面，除与全国外资准入负面清单一致的开放措施外，自由贸易试验区外资准入负面清单在种业、油气等重要领域提出了新的举措，进行更高水平的对外开放。 （2）在负面清单口径方面，对标国际规则，主要列示股比要求和高管要求等外资准入方面的特别管理措施，实现与全国外资准入负面清单的可对比；对于非常规投资范畴的内容、内外资一致的管理措施、部分行业的审批要求等，原则上不单独列示，按照现行规定执行。 （3）为保持延续性，2018 年版自由贸易试验区负面清单在部分条目后用括号标注了来自 2017 年版负面清单的资质条件、业绩要求等内容。
2019 年	37 条	（1）服务业扩大对外开放。 （2）放宽了农业、采矿业和制造业的市场准入。 （3）完善和扩大自由贸易试验区的开放。

二、2020年外商投资准入特别管理措施（负面清单）主要变化

本次2020版最新的修订按照只减不增的原则，进一步缩减外商投资准入负面清单。其中全国外商投资准入负面清单由2019年的40条减至33条，自贸试验区外商投资准入负面清单由37条减至30条。主要变化：

（一）加快服务业重点领域开放进程

金融领域，取消证券公司、证券投资基金管理公司、期货公司、寿险公司外资股比限制。基础设施领域，取消50万人口以上城市供排水管网的建设、经营须由中方控股的规定。

（二）放宽制造业、农业准入

制造业领域，放开商用车制造外资股比限制，取消禁止外商投资放射性矿产冶炼、加工和核燃料生产的规定。农业领域，将小麦新品种选育和种子生产须由中方控股放宽为中方股比不低于34%。

（三）继续在自贸试验区进行开放试点

在全国开放措施基础上，自贸试验区继续先行先试。医药领域取消禁止外商投资中药饮片的规定。教育领域允许外商独资设立学制类职业教育机构。国家发展改革委、商务部将会同各地区、各部门，根据《外商投资法》及其实施条例要求，落实好2020年版外商投资准入负面清单，负面清单之外给予内外资企业平等待遇，同时完善开放型经济新体制建设，在扩大开放中维护国家安全。

表5-2 自由贸易试验区外商投资准入特别管理措施（负面清单）（2020年版）修订对比表

序号	2019 年版负面清单	2020 年版负面清单	修订情况
1	8. 禁止投资中药饮片的蒸、炒、炙、煅等炮制技术的应用及中成药保密处方产品的生产。	删除	取消禁止外商投资中药饮片的规定。
2	9. 除专用车、新能源汽车外，汽车整车制造的中方股比不低于 50%，同一家外商可在国内建立两家及两家以下生产同类整车产品的合资企业。（2020 年取消商用车制造外资股比限制。2022 年取消乘用车制造外资股比限制以及同一家外商可在国内建立两家及两家以下生产同类整车产品的合资企业的限制。）	除专用车、新能源汽车、商用车外，汽车整车制造的中方股比不低于 50%，同一家外商可在国内建立两家及两家以下生产同类整车产品的合资企业。（2022 年取消乘用车制造外资股比限制以及同一家外商可在国内建立两家及两家以下生产同类整车产品的合资企业的限制。）	放开商用车制造外资股比限制。
3	12. 城市人口 50 万以上的城市供排水管网的建设、经营须由中方控股。	删除	取消城市人口 50 万以上的城市供排水管网的建设、经营须由中方控股的规定。
4	15. 公共航空运输公司须由中方控股，且一家外商及其关联企业投资比例不得超过 25%，法定代表人须由中国籍公民担任。（只有中国公共航空运输企业才能经营国内航空服务，并作为中国指定承运人提供定期和不定期国际航空服务。） 16. 通用航空公司的法定代表人须由中国籍公民担任，其中农、林、渔业通用航空公司限于合资，其他通用航空公司限于中方控股。	公共航空运输公司须由中方控股，且一家外商及其关联企业投资比例不得超过 25%，法定代表人须由中国籍公民担任。通用航空公司的法定代表人须由中国籍公民担任，其中农、林、渔业通用航空公司限于合资，其他通用航空公司限于中方控股。	2019 年版第 15、16 条合并为 2020 年版第 13 条。
5	17. 民用机场的建设、经营须由中方相对控股。 18. 禁止投资空中交通管制。	民用机场的建设、经营须由中方相对控股。外方不得参与建设、运营机场塔台。	删除 2019 版第 18 条。2020 年版第 14 条增加“外方不得参与建设、运营机场塔台。”
6	22. 证券公司的外资股比不超过 51%，证券投资基金管理公司的外资股比不超过 51%。（2021 年取消外资股比限制。）	删除	取消证券公司、证券投资、基金管理公司外资股比限制。
7	23. 期货公司的外资股比不超过 51%。（2021 年取消外资股比限制。）	删除	取消期货公司的外资股比限制。

第三节　投资便利化——四川自贸试验区

四川自由贸易试验区作为较早开放的内陆自贸区，大力开展“营商环境对标攻坚行动”，多维度对标国际先进，对接世贸组织、世界银行等多边/双边制度安排和自由化便利化制度体系，取得了较好的成绩。

一、四川自贸试验区投资便利化的成就

（一）公证“最多跑一次”

司法部部署开展“公证最多跑一次”试点以来，成都市司法局以群众需求为导向，急群众所急、想群众所想，在全市开展办理公证“最多跑一次”试点，明确要求公证机构大幅精简证明材料、优化办案流程和服务模式，切实破解群众办证难问题。2017年以来，试点公证机构为群众收集调取证据4.31万份，提供房产信息查询3.4万次，与市不动产交易中心共享公证书18万余份，提供周末和节假日公证服务6000余人次，办理加急服务上万次，减免当事人公证费80余万元，直接服务群众6万余人次，让老百姓得到了真正的实惠，与党的十九大“把人民对美好生活的向往作为奋斗目标”高度契合。

（二）生产型出口企业出口退税服务前置

“生产企业出口退税服务前置”新模式，是指生产型出口企业在出口退税申报之前，税务机关提前介入，将出口退税申报后进行的一系列核查、服务程序前置，大幅提高出口退税办理效率。该模式将部分原来企业申报退税后才开始调查的工作前置，提前调查企业出口和购货真实性，在企业申报后，税务机关可快速对按规定

不需发函调查的疑点给出核查结论，提高了退税效率。

（三）企业开办“小时清单制”

从全国范围来看，企业开办从注册到刻章、开户、办税等环节全部办结，平均耗时为20个工作日。2018年5月，国务院发文要求将企业开办时间“由目前平均20个工作日减至8.5个工作日以内”，其中“将办理企业设立登记的时间压缩至5个工作日以内”，“公章制作单位应在1天以内完成印章刻制”，“将新办企业首次办理申领发票的时间压缩至2天以内”，同时进一步压缩企业社会保险登记和职工参保登记业务办理时间。从2018年4月起，四川自贸试验区（川南临港片区）大力推行“企业开办小时清单制”，把企业开办分类别、分层级归并到“三张清单”，实行“倒计时”服务，将企业开办时限由原来的平均5个工作日进一步压缩至2.25个工作日内，为进一步优化营商环境提供了借鉴参考模式。

（四）知识产权类型化案件快审机制

四川自贸试验区（成都天府新区片区）首创建立“知识产权类型化案件快审机制”，对案件类型和要素进行抽象和模板化归纳，形成“两表指导、审助分流、集中审理、判决简化”为特点的要素式案件审理流程创新，“集约化管理、专业化分工”为特点的集约化案件管理机制创新，“标准化操作”为特点的案件质量控制创新。

（五）“首证通”行政审批改革

长期以来，企业在办理不同的行政许可时，往往会多次重复提交基础资料，各行政审批部门也会多次重复审核企业资料，增加了企业运行成本。为有效减少企业负担，降低企业运行成本，提高行政许可办理效率，四川自贸试验区成都天府新区片区（高新），探索系统集成行政许可审批，创新开展“首证通”改革试点。原来需要两三个月甚至更长时间才能办理齐全的证照，在“首证通”模式下，实现获取证照“只进一扇门”、“最多跑一次”、最快一天就能办好，系统性地解决了“准入不准营”“办照容易办证难”等问题。

川南临港片区所在的龙马潭区被国务院表彰为“深化商事制度改革成效显著、落实事中事后监管等相关政策措施社会反映好的地方”，第三批权限即将下放。按照国务院部署，积极推动对接“证照分离”改革全覆盖试点。

（六）企业“套餐式”注销服务模式

整合营业执照和多种经营许可证件，在国家企业信用信息公示系统等企业信息公示平台设置“套餐式”注销服务专区，凡符合条件的企业，完成20天注销公示后，一次性提交《营业执照》和许可证件原件及相关资料，即可实现市场主体整体退出。大幅度简化企业注销的办理程序，显著降低企业退出的制度性成本，提升行政服务效能。

（七）增值税小规模纳税人智能辅助申报服务

由系统智能提取企业开票收入数据批量生成《纳税预申报告知书》，通过电子税务局自动向企业推送预申报数据，企业确认无误即由财税库银自动扣缴税款。小规模纳税人企业每年可减少申报约8～25次，大幅度提高申报率、准确率，大幅降低了税务行政管理成本和办税压力。

（八）外来企业维权机构

泸州市公共法律服务中心外来企业投诉服务工作站在中国（四川）自由贸易试验区川南临港片区设立，为外来入驻企业提供投诉、咨询“零距离”服务。据了解，这也是全省首家在自贸试验区范围内设立的外来企业维权机构，为外来企业提供更便捷的法律保护。

为畅通投诉服务渠道，泸州市除在中国（四川）自贸试验区川南临港片区管理委员会行政审批局设立外来企业投诉服务工作站外，还在市政务服务中心、市公共法律服务中心设立了工作站，外来企业可就投资方面的争议，履行合同、协议和章程中的争议，与行政机关的争议以及行政机关或其工作人员侵害外来企业合法权益事项等进行投诉以及法律咨询。

二、生产企业出口退税服务前置——贸易便利化创新新亮点

为了让出口企业能及时收到出口退税款，2017年6月，川南临港片区税务部门在全国率先打造“生产型出口企业出口退税服务前置”新模式。生产型出口企业在出口退税申报之前，税务机关提前介入，将出口退税申报后进行的一系列核查、服务程序（包括实地核查、对供货企业核查和备案单证核查）前置，大幅提高出口退税办理效率。试点以来，川南临港片区内企业通过该模式成功获得出口退税款3696.78万元。该模式将部分原来要等企业申报退税后才开始调查的工作前置，提前调查企业出口和购货真实性，在企业申报后，税务机关可快速对按规定不需发函调查的疑点给出核查结论。

同时，为提高核查效率，片区开发“出口退税管理服务平台”，该平台集成视频监控、风险分析审核等5大系统，对企业原材料的购进、领用、库存等10多项信息做“大数据”智能分析，税务机关在月初就能掌握企业上月生产经营的真实性，实现企业退税申报和税务机关审批的无缝衔接。

三、四川自贸试验区（川南）案例

（一）“生产企业出口退税服务前置”新模式

随着经济转型升级和产业地域分工调整，中国（四川）自贸试验区川南临港片区（以下简称川南临港片区）承接了东部沿海地区大量的生产型出口产业转移。为引入东部转移的制造业，川南临港片区在全国率先打造“生产企业出口退税服务前置”新模式，大幅度提高退税效率，实现优化营商环境、降低税收风险、规范企业管理的“三效叠加”。

以前，企业办理出口退税一般都需要3个月时间，导致企业资金压力大。而现在，企业在四川自贸试验区川南临港片区最多只用一周就能办理退税业务。以生产手机整机为主的泸州京川集团有限公司于2018年从广东深圳迁入川南临港片区。公司全年共出口手机300多万台，出口金额达1000多万美元，出口退税金额为

1000万元人民币。

自川南临港片区将出口退税部分审核工作提前后，企业办理出口退税基本能够当月申请、当月办结，最快一周退税，大大缓解了企业的资金压力。同时，为进一步提高核查效率，川南临港片区所在的四川省泸州市龙马潭区税务局开发了“出口退税管理服务平台”，在月初就能掌握企业上月生产经营的真实性，实现企业退税申报和税务机关审批的无缝衔接。该平台集合视频监控、风险分析审核等5大系统，对企业原材料的购进、领用、库存，以及产品的生产、销售、出口收汇、生产工人数量、物流数据等10多项信息进行“大数据”智能分析。

该模式的推广极大优化了川南临港片区营商环境。川南临港片区还将试点推出出口退税前置服务、全程电子化、退税贷等服务“组合拳”，构建出口退税“高速通道”。

（二）“企业开办小时清单制”模式

2018年4月20日，川南临港片区在企业注册、印章刻制、税务办税、银行开户、人社部门招聘登记、新办企业社保登记全程电子化办理的基础上，又创立了企业开办小时清单制，并在川南临港片区试推行。企业开办原来需要到工商、公安、税务、人社、银行等多部门，提供27种材料，在11天内办结；现在只需到1个窗口，提交14种材料，最短1小时，最长18个小时（2.25天）办结。同时，涉及个人独资企业设立、变更等部分简单事项可实现当日办结。

到2018年11月，“小时清单制”改革试点举措已经通过86项行政审批事项，做到更加高效便民。2018年7月，“小时清单制”在泸州全市推广应用，截至2018年11月21日，川南临港片区已有2930家企业通过该模式完成登记。

“小时清单制”，正是川南临港片区在2017年10月推行的“一小时办结制”基础上的升级。

四川君宇萩商贸有限公司相关负责人在川南临港片区办理企业开设手续，只交了14种申报材料，前后花了6个小时，便完成了营业执照、印章刻制、办税登记、银行开户等一系列手续。

（三）药品经营零售企业“多证合一”

为了推进国家、省、市“放管服”行政审批改革，优化审批流程，近期川南临港片区印发了《药品经营零售企业的“多证合一”实施办法（试行）》，在川南临港片区范围内推行药品经营零售企业的“多证合一”改革，将原来零售药店需要办理的《药品经营许可证》《药品经营质量管理规范认证证书》《第三类医疗器械经营许可证》《第二类医疗器械经营备案凭证》《食品经营许可证》合为一张《药品经营许可证》，该改革走在全省前列。

川南临港片区实施药品经营零售企业“多证合一”后，可以实现一次申请、一窗受理、一次现勘、一证发放，申请资料由原来需要提交57项缩减为16项；审批办理时限由原来的165个工作日缩减为13个工作日。

2019年5月16日，四川永正药房连锁有限公司行政工作人员牟兰拿到了该公司龙马潭区519直营店“多证合一”的《药品经营许可证》（合），这张许可证涵盖了《药品经营许可证》《药品经营质量管理规范认证证书》《第二类医疗器械经营备案凭证》《食品经营许可证》的行政许可效力。从提交申请到现勘再到拿证，牟兰只用了5个工作日，这是四川自贸试验区川南临港片区发放的首张《药品经营许可证》（合）证照。

第四节　设立管理平台——上海自贸试验区

六年多来，上海自贸试验区坚持以制度创新为核心，按照“自贸试验区是国家的试验田，不是地方的自留地；是制度创新的高地，不能成为优惠政策的洼地；是苗圃，不是盆景”的要求，聚焦投资、贸易、金融和事中事后监管等领域，形成了一批基础性制度和核心制度创新，一大批制度创新成果已向全国复制推广。

一、上海自贸试验区在管理平台设立上的创新

（一）外商投资和境外投资：备案制度

在上海自由贸易试验区内实行外商投资准入前国民待遇，实施了负面清单管理模式。对负面清单之外的领域，将外商投资项目核准、外商投资企业合同章程审批改为备案管理。2015年，上海自贸试验区新设外资企业3326户，是2014年的1.5倍，上海自贸试验区内外资设立管理制度基本实现了由传统审批向备案登记的转变。市场准入便利化全面推进，2013 年制定发布全国首份负面清单，经五次修订后从 190 条减少到 2019 版的 37 条，清单外实施备案制。

境外投资管理改革的主要目的在于扩大企业及个人的对外投资，加快“走出去”步伐。在项目备案环节，自贸试验区实行以备案制为主的管理方式，加强境外投资事后管理和服务。对3亿美元以下的境外投资项目，一律实行备案，并且由上海自由贸易区管委会进行一口受理，无须提交任何可行性研究报告。5个工作日之内，就能拿到境外投资项目或境外投资开办企业的证书。在资金环节，商业银行可以办理人民币的划转或者过户手续，实现资金出海。上海自由贸易试验区境外投资备案办法简便高效，改核准为备案管理，办结时间从3～6个月缩短至3天，自开展

以来，股权投资基金类企业借用自贸试验区平台开展的境外投资活跃。至2019年底，累计办结境外投资项目2700多个，是设立前的4倍，其中中方投资额累计893亿美元。

（二）“单一窗口”制度

上海自由贸易试验区推进国际贸易“单一窗口”建设。“单一窗口”，通俗地讲，就是参与贸易或运输的企业可以仅仅通过一个“窗口”向有关机构一次性提交合法的标准化单据及信息，相关部门同时将结果通过这个“窗口”反馈给申报人。“单一窗口”符合国际惯例，目的是实现口岸管理相关部门信息互换、监管互认、执法互助。上海自贸试验区国际贸易“单一窗口”首个试点项目已于2014年6月18日上线运行部分功能。经过一年的试点，“单一窗口”1.0版于2015年6月30日全面上线运行。目前该系统覆盖六大模块：货物申报、运输工具申报、支付结算、企业资质、贸易许可、信息查询。国际贸易“单一窗口”2.0版于2016年1月开通，“国际贸易单一窗口”覆盖的业务范围不断扩大，功能不断完善。相关数据显示，截至2015年4月11日，平台开户数1173家；货物申报大表187307票；检验检疫入境全申报2086343批次；一线进出境备案清单12403票；船舶放行指令发出8297条，实现100%全覆盖。2018年6月，国际贸易“单一窗口”3.0版建成上线后，功能模块增加到10个，覆盖22个口岸和贸易监管部门，服务企业数超过40万家，无纸化率达 98%。

上海自由贸易试验区积极推动企业准入“单一窗口”从企业设立向企业工商变更、统计登记、报关报检单位备案登记等环节延伸，从“五证联办”向“七证联办”拓展。

（三）货物状态分类监管

自贸试验区推进货物状态分类监管试点。按照管得住、成本和风险可控原则，在自贸试验区内的海关特殊监管区域试点推进货物状态分类监管。自2015年5月20日起，该试点已覆盖到海关特殊监管区的全部物流配送企业，下一步将把试点范围从物流类企业扩大到贸易类企业。采用信息围网技术，实现保税、非保税货物同仓存储、分类监管，区域内实施货物状态分类监管模式的企业达45家，其中获得开展内贸资格的企业32家，已实现常态化运作。

（四）“证照分离”改革试点

国务院批复的第一批116项、第二批47项和浦东新区自主改革的35项，共198项“证照分离”改革试点已全部实施。2019年8月，国务院已部署自12月起在全国自贸试验区开展“证照分离”改革全覆盖试点。此外，市政府出台试行《上海市行政审批告知承诺实施办法》，为“证照分离”改革提供法制保障。

（五）“一业一证”改革

2019年7月，上海市浦东新区在全国首创“一业一证”改革，颁发首批“行业综合许可证”，打造“证照分离”改革升级版。

以前，企业进入一个行业，往往需要一个个部门分头跑，出现审批事项多、申请材料多，办理时间长，沟通效率低下，开业效率低下的问题。为此，上海市浦东新区在“证照分离”改革的基础上，将改革着眼点从“以部门为中心”的单个事项改革转向“以企业为中心”的业务流程再造。推出了“一业一证”这项重大改革举措，让企业轻装上阵、聚焦主业、快速发展。

“一业一证”改革是把过去一个行业准入涉及的多个审批事项整合成一张“行业综合许可证”，企业只需要一张证就可以开门营业。目前，该项改革已在便利店、体育健身场馆、宾馆、饭店等43个行业全面推开。改革后，平均每个行业审批时限压减90%，申请材料压减70%，填表要素压减60%。

“一业一证”通过“六个一”即一帽牵头、一键导航、一单告知、一表申请、一标核准、一证准营，重构审批服务模式，对业务流程进行全面再造。一是再造行业管理架构实现“一帽牵头”：改变以往各个管理部门“各自为战”的局面，明确各个部门对应的牵头部门和协同部门，在推进改革、强化监督、优化服务等方面建立以企业为中心的“放管服”高效协同机制；二是再造审批指引方式，实现“一键导航”：将“企业侧”多样性的市场需求与“政府侧”分散的行政审批事项装入“行业小类”的“篮子”里，通过特定情景下的交互式问答，生成企业需求与审批要素精准匹配的办证指南；三是再造行业审批条件，实现“一单告知”：对一个行业的多个审批事项的办理条件，进行标准化集成，提炼出场所、设备、资金、人员和制度等审批要素，形成一张准确、清晰、易懂的告知单；四是再造审批申报方式，实现“一表申请”：将多张申请表合并成一张申请表，系统从申请材料中抓取数据自动填写，申请人角色由“填表人”变为“审核人”；五是再造许可审核程序，实现“一标核准”：按照提前服务、材料审核、现场检查等环节再造审批审核程序，从过去的串联式“闯关拜访”转变为并联式“一次性办理”，实现一个行业一套统一的审核程序；六是再造行业准入方式，实现“一证准营”：发放的行业准入许可证上标明经营者名称、法定代表人、社会信用代码等标准信息，同时包含行业类别、许可项目、二维码等特有信息，通过扫描二维码可以查看集成的所有许可证书电子证照，让企业获得一证即可开展经营。

（六）工商登记制度

商事登记制度改革。推进工商注册制度便利化，把注册资本实缴登记制改为认缴登记制，由先证后照改为先照后证，实行年度报告公示制。全面实施“集中登记地”政策，上海自贸试验区率先试点简易注销登记改革，对个体工商户、未开业企业、无债权债务企业试行简易注销程序。建立了由工商部门主导的企业准入“单一窗口”制度并拓展到业务变更和进出口经营资格备案登记，推进“多证合一”和全程电子化登记，开展从“一址一照”到“一址多照”集中登记，率先试点企业名称登记告知承诺改革。质检部门推出组织机构代码实时赋码，税务部门推出“办税一网通”等创新举措，实现了由多头受理向一口受理的治理流程再造。试行企业注册资本认缴登记制度，入驻企业已经超过原上海综合保税区过去20年存量企业总数。

二、备案制——上海自贸试验区的新亮点

备案制，被称为上海自贸试验区的新亮点。2013年9月30日，上海市政府发布《中国（上海）自由贸易试验区境外投资项目备案管理办法》。中国（上海）自由贸易试验区管理委员会对注册在中国（上海）自由贸易试验区的地方企业实施的本市权限内的境外投资一般项目，实行备案制管理。

2014年12月，全国人大常委会授权，在国务院新批准设立的广东、天津、福建自贸试验区及上海自贸试验区扩展区域内，外商投资准入特别管理措施（负面清单）以外的领域，外商投资企业设立、变更及合同章程由审批改为备案管理。

2015年4月8日，商务部公告2015年第12号公布《自由贸易试验区外商投资备案管理办法（试行）》。该《办法》共20条，分别规定了备案适用范围、备案机构、备案方式、备案程序、信息报告、监督检查及诚信管理等内容，自发布之日起30日后实施。外国投资者在自贸试验区投资《自由贸易试验区外商投资准入特别管理措施（负面清单）》以外领域，外商投资企业设立、变更（以下统称投资实施）及合同章程备案，适用本办法。法律、行政法规和国务院决定另有规定的，从其规定。该《办法》以2013年9月上海市人民政府发布的《中国（上海）自由贸易试验区外商投资企业备案管理办法》为基础，在总结上海自贸试验区一年多实践基础上，为进一步发挥自贸试验区在外商投资管理体制改革方面的先行先试作用，《办法》在以下方面做了改进：一是将外商投资企业合同章程备案与企业设立或变更的登记环节脱钩，即不以备案作为登记的前置条件；二是引入信息报告制度，区内所有外商投资企业均须履行年度报告义务；三是细化对外商投资的监督检查要求，明确检查机关、方式、内容，以及对监督检查中发现问题的处罚措施；四是建立外商投资诚信档案系统，在各部门之间实现备案、诚信信息的共享。

三、案例介绍

（一）苏宁小店——“一业一证”模式

2019年7月31日，苏宁小店在浦东获颁了首个综合行业许可证，有了这张证，就直接开业了。这是上海自贸试验区“一业一证”改革的成果。

过去开一家便利店，企业领到营业执照后，还需获得至少5张许可证，包括食品安全、烟草专卖、医药器械销售等许可证，才能开业。“一业一证”改革后，在浦东开便利店，只要办一张综合行业许可证即可。办证时间从原来95个工作日缩减到了5个工作日。

“一业一证”是政务服务的一次自我革命。通过职能部门流程再造，实现了让企业少跑腿的目标。2019年6月，上海市委和市政府出台《关于支持浦东新区改革开放再出发实现新时代高质量发展的若干意见》后，上海自贸试验区在“证照分离”改革基础上，进一步率先探索、先行先试，推出了这个“照后减证”的首创性举措。

“一业一证”不仅申请时间缩短，所需提交的材料、填写的表格也大幅减少，企业普遍表示这项举措带来了实实在在的便利。据介绍，过去开设便利店需要填写9张表格，现在只需1张；过去填表中要填写313项要素，现在只剩98项；过去企业需要准备53份材料，现在只需10份，缩减了80%。

在便利店业态率先突破的基础上，浦东新区市场监管局按照“一帽牵头、一键导航、一单告知、一表申请、一标核准、一证准营”的基本思路，将改革进一步覆盖到健身场馆、宾馆、饭店、小商铺、茶馆、咖啡店、药店等其他业态，逐步实现了多业态的“一业一证”准营。

通过一系列的政务机制改革与创新，上海自贸区企业主体活力迸发。数据显示：截至2020年3月，上海自贸区累计新设立企业6.4万户，6年多来新设企业数是前20年同一区域企业数的1.8倍；新设外资企业1.2万户，占比从自贸试验区挂牌初期的5%上升到20%左右。

（二）拓佳丰圣（上海）科贸有限公司——备案制

2013年10月14日，试验区服务大厅迎来了正式受理业务后的首批领证企业，它们见证了改革后的“自贸速度”。

钱圣荣成为当天第一个拿到“四证”的企业代表，而他所代理的拓佳丰圣（上海）科贸有限公司也成为自贸试验区正式受理企业登记注册业务以来，首批获证公司之一。让钱圣荣最为惊讶的是此次获证的效率，短短4天内就办妥了包括营业执照、机构代码证、税务登记证、外商投资企业备案证明在内的四个证照，并顺利拿到了手上。据了解，拓佳丰圣（上海）科贸有限公司属于外商独资企业，按照以前的流程，拿到证照至少需要20天，而试验区施行负面清单管理、备案制等“宽进”措施，让企业的“出生”时间大大缩短。

原国家工商总局推出的支持中国(上海)自由贸易试验区建设意见，全面改革工商登记制度，让企业可以试行注册资本认缴登记等，大大缓解了企业的资金流压力。首批拿到营业执照、税务登记证及机构代码证的内资企业——远时投资（上海）有限公司就采取了认缴制的方式，注册资本5000万元，分期认缴。

企业办事流程实行备案制只需4个工作日，原来至少需要29个工作日。此外，申请资料也由原来“厚厚一叠”变成只需一张“投资者备案申请表和承诺书”的纸，且以往一个职能部门就要交一份材料，而现在一份材料交到办事大厅后，就可以在大厅的各个窗口进行内部流转，实现协同受理，大大方便了企业办事。

（三）“单一窗口”实现出口退税一站式快速便捷办理

为进一步优化营商环境，支持外贸出口稳定发展，缓解出口企业资金压力，精简办税资料和流程，压减办税时间，海关总署会同国家税务总局在全国推广应用“单一窗口”出口退税功能，实现出口退税一站式快速便捷办理，累计退税额76亿元，惠及4000余家外贸和生产企业。

“单一窗口”通过系统联通与数据共享，将海关备案、报关单数据查询下载、退税申报等多项业务整合到一个平台，退税企业只需要一次登录、一次申请，即可实现出口退税一站式办理。

成都迈锐捷激光技术有限公司以前靠聘请专业机构协助申报出口退税，这次该公司首笔自主申报出口退税就用上了最新的“单一窗口”申报方式，操作时便捷高效不易出错，大大提高了企业的申报效率，减轻了工作量。

通过“单一窗口”申请退税申报，还体现出以下优势：通过“单一窗口”进行退税申报，企业可随时随地享受线上退税服务，系统免安装、免升级、免维护，操作更加高效便捷；“单一窗口”出口退税功能实现以企业申报的报关单数据为基础，自动生成出口退税申报单，企业导入发票电子数据后，发往税务局申请办理退税手续，申报全程不需手工录入，压缩了申报时间，减少申报差错和漏报率；“单一窗口”出口退税功能，全程采用电子数据调用和导入，不需要再提交任何纸质单证，实现了让数据多跑路、企业少奔波。

浙江海氏实业集团有限公司最近通过“单一窗口”申报出口退税，公司工作人员余旭军说，需要手动录入的步骤少了，像以前都要一张张录入报关单、出口退税明细、进账退税明细等，现在只要输入单子上后几位数字，系统就能自动匹配、自动生成。

第六章

制度创新篇（2）：金融制度创新

第一节　自由贸易账户——上海自贸试验区

上海自贸试验区是我国大陆第一个自由贸易试验区，肩负着重要使命，将在多个角度进行全面改革探索，形成了一批可复制、可推广经验，为全面推进我国整体改革提供一个新思路。

一、上海自贸试验区的金融制度创新

（一）加快政府职能的转变

2013年9月18日发布的《中国（上海）自由贸易试验区总体方案》明确“加快政府职能转变”这一任务。政府职能转变可以分为两大目标：营造宽松平等的准入环境和公平竞争的市场环境。上海自贸区的建设方案提出八项举措，分别是：完善负面清单的管理模式、加强信息共享与服务平台的应用、推动信息公开制度创新、建立综合执法体系、健全国家安全审查和反垄断审查协助工作机制、加强社会信用体系应用、健全社会力量参与市场监督制度。这八项举措的实施进一步推动政府的职能转变，营造了宽松平等的准入环境和公平竞争的市场环境。

（二）创建有利于风险管理的账户体系

具体内容包括：居民自由贸易账户实现分账核算管理，开展投融资创新业务，非居民自由贸易账户按准入前国民待遇原则享受相关金融服务。居民自由贸易账户与境外账户、境内区外的非居民账户、非居民自由贸易账户以及其他居民自由贸易账户之间的资金可自由划转，可办理跨境融资、担保等业务；金融机构通过设立试验区分账核算单元的方式，为符合条件的区内主体开立自由贸易账户，并提供相关金融服务。

（三）探索投融资汇兑便利

推动资本项目可兑换进程，进一步扩大试验区对外开放，支持企业走出去，为跨境投资和贸易创造更加便利的条件，明显加快了人民币资本账户开放和金融开放的步伐。具体包括：促进企业跨境直接投资便利化、便利个人跨境投资、稳步开放资本市场、促进对外融资便利化、提供多样化风险对冲手段。

（四）扩大人民币跨境使用

扩大人民币跨境使用，让区内企业和个人更加灵活使用本币进行跨境交易，降低汇兑成本，减少汇率风险。具体包括：上海地区银行业金融机构可直接办理经常项下、直接投资的跨境人民币结算业务，可为跨境电子商务（货物贸易或服务贸易）提供人民币结算服务；金融机构和企业可从境外借用人民币资金，借用的人民币资金不得用于投资有价证券、衍生产品；企业可开展集团内双向人民币资金池业务，为其境内外关联企业提供经常项下集中收付业务。

（五）稳步推进利率市场化

稳步推进利率市场化，加快改革进程，支持实体经济发展。具体包括：完善区内居民自由贸易账户和非居民自由贸易账户本外币资金利率的市场化定价监测机制；将区内符合条件的金融机构纳入优先发行大额可转让存单的机构范围，在区内实现大额可转让存单发行的先行先试；条件成熟时，放开区内一般账户小额外币存款利率上限。

（六）深化外汇管理改革

深化外汇管理改革，进一步减少行政审批，逐步建立与之相适应的外汇管理体制。具体包括：支持试验区发展总部经济和新型贸易，简化直接投资外汇登记手续，支持试验区开展境内外租赁服务，取消区内机构向境外支付担保费的核准，区内机构直接到银行办理担保费购付汇手续，完善结售汇管理，支持银行开展面向境内客户的大宗商品衍生品的柜台交易。

2019年，上海自贸试验区全年备案和核准对外直接投资项目845项，比上年增长6.7%；对外直接投资中方投资额139.94亿美元，下降17.1%。签订对外承包工程合同金额125.44亿美元，增长5.4%；实际完成营业额94.01亿美元，增长24.7%；派出人员9226人次，增长5.3%。对外劳务合作派出人员19843人次，增长102.3%。全年新设外商直接投资项目6800项，比上年增长21.5%；合同金额502.53亿美元，增长7.1%；全年外商直接投资实际到位金额190.48亿美元，增长10.1%。2019全年上海口岸货物进出口总额84267.90亿元，比上年下降1.2%，继续位居世界城市首位。其中，进口35453.00亿元，下降2.6%；出口48814.90亿元，下降0.2%。全年上海关区货物进出口总额63457.78亿元，比上年下降0.9%。其中，进口26221.24亿元，下降2.8%；出口37236.54亿元，增长0.4%。上海自贸试验区新片区在2019年新设企业4025家，签约重点项目168个，总投资821.9亿元。上海自贸试验区的快速发展离不开其不断进行的金融制度创新。

二、自由贸易账户——金融制度创新亮点

自由贸易账户（简称FT账户）是上海自贸试验区金融制度的创新亮点，自由贸易账户类型包括区内机构自由贸易账户、境外机构自由贸易账户、区内个人自由贸易账户、区内境外个人自由贸易账户及同一机构自由贸易账户。通过自由贸易账户公司可以获得更优惠的境外借款，个人也可通过区内账户更便利地融入国际市场。自2014年推出以来，自由贸易账户通过不断完善账户功能、拓展适用范围，为金融开放创新和服务实体经济提供了有效载体。

2013年12月，人民银行印发《关于金融支持中国(上海)自由贸易试验区建设的意见》，明确提出“创新有利于风险管理的账户体系”，主要通过分账核算管理的方式，企业开立自由贸易账户，服务试验区企业的金融机构设立试验区分账核算单元，满足区内主体更加广泛的涉外经济活动需求。具体规定：居民自由贸易账户实

现分账核算管理，开展投融资创新业务；非居民自由贸易账户按准入前国民待遇原则享受相关金融服务。居民自由贸易账户与境外账户、境内区外的非居民账户、非居民自由贸易账户以及其他居民自由贸易账户之间的资金可自由划转，可办理跨境融资、担保等业务；金融机构通过设立试验区分账核算单元的方式，为符合条件的区内主体开立自由贸易账户，并提供相关金融服务。

2014年5月，中国人民银行上海总部印发《中国（上海）自由贸易试验区分账核算业务实施细则（试行）》，正式启动自由贸易账户业务。金融机构可在分账核算单元中为不同主体开立相应的自由贸易账户，提供相关金融服务。区内企业可以开立区内机构自由贸易账户（FTE账户），境外企业可以开立境外机构自由贸易账户（FTN账户），同业机构可以开立同业机构自由贸易账户（FTU账户），区内个人可以开立区内个人自由贸易账户（FTI账户），区内境外个人可以开立区内境外个人自由贸易账户（FTF账户）。同时中国人民银行上海总部可根据风险审慎管理的需要，在自由贸易账户中对特定高风险业务采用子账户方式的专户管理模式实现响应的管理目标。

2015年4月，中国人民银行上海总部印发《中国（上海）自由贸易试验区分账核算业务风险审慎管理细则（试行）》，宣布启动自由贸易账户外币服务功能，支持各部门分别制定相应的具体实施细则，充分利用自由贸易账户推进投融资汇兑业务。根据“先本币、后外币”的原则推进自由贸易账户业务。从本币起步，条件成熟时扩展到外币，实现账户本外币一体化。还提出要完善银行的分账核算系统，若没有银行分账核算“围栏”的建立，FTA账户和境内非自由贸易账户之间的风险渗透就无法控制，各种业务的资金使用会受到一定的限制。新的自贸试验区自由交易账户与非自由账户系统之间的隔离，也需要分账核算系统的存在。分账系统完善可以为自由贸易账户提供相应的金融服务，推进贸易区本外币业务的发展。

2016年11月，中国人民银行上海总部印发《关于进一步拓展自贸试验区跨境金融服务功能支持科技创新和实体经济的通知》，首次将账户的适用范围从自贸试验区扩展到区外科创企业，主体资格从区内推广到全市科创领域。金融机构可按科技创新生命周期规律提供全程全方位跨境服务。另外，跨境金融服务又在功能上进行了拓展，向跨境电商、贸易融资、股权投资等方面逐步拓宽。上海地区的银行和支付机构可为跨境电商企业提供基于自由贸易账户的跨境金融服务。贸易区内设立的股权投资项目公司和股权投资基金，可在金融机构分账核算单元开立账户向区内及境外募集资金开展跨境股权投资。

2017年，国务院印发《全面深化中国（上海）自由贸易试验区改革开放方案》，进一步推进上海自贸试验区的发展。加快构建开放型经济体制，在新一轮改革开放中进一步发挥引领示范作用。仅2017年，浦发银行就落地了首单FT美元非保本理财产品、首单FT项下跨境人民币进口代付、首单FT银团贷款、首单区外科创企业FT账户跨境结算、首单FT跨境飞机租赁融资等近10项创新业务。《上海服务国家“一带一路”建设发挥桥头堡作用行动方案》中提到支持全国其他自贸试验区和沿线国家（地区）运用上海自贸试验区自由贸易账户，为参与“一带一路”建设的企业和员工提供相关跨境金融服务。另外，支持外资研发中心参与科创中心建设的意见则指出，支持外资研发中心通过开立自由贸易账户，享受跨境金融服务政策的便利。

2018年7月，上海市政府发布《上海“扩大开放100条”行动方案》，其中对自由贸易账户提出的措施有：（1）将FT账户复制推广至上海市有条件、有需求的企业及长三角和长三角经济带的自贸试验区；（2）在风险可控的前提下，为保险机构利用自由贸易账户开展跨境再保险与资金运用等业务提供更大便利；（3）对通过自由贸易账户向境外贷款先行先试，试点采用与国际市场贷款规则一致的管理要求；（4）支持境外投资者通过自由贸易账户等从事金融市场交易活动。

企业通过FT账户（自由贸易账户），在任何时间点都能按照自身意愿进行相应币种转换以及做远期、期权等业务，而不需要提供额外证明材料。通过FT账户，企业还可以得到流动资金贷款、国际贸易融资、项目贷款、并购贷款等融资服务。对商业银行来说，FT账户体系涉及四种基本业务，即存、汇、兑、融。由于自贸试验区内允许商业银行吸收区内和境外存款，随着资金来源渠道增加，商业银行就更有可能获得相对“便宜”的资金。通过低进低出方式，再把这种优惠带给企业，从而为企业节省财务成本。2018年9月，自由贸易账户复制推广至海南自贸试验区，2019年11月，进一步复制推广至天津、广东自贸试验区。

2019年7月27日《中国（上海）自由贸易试验区临港新片区总体方案》提出进一步简化优质企业跨境人民币办理流程，推动跨境金融服务便利化。研究开展自由贸易账户本外币一体化功能试点，探索新片区内资本自由流入流出和自由兑换。

自由贸易账户在功能上也进行了创新，具体体现在以下几个方面：（1）创新跨境资金池模式，首次提出全能型双向跨境人民币资金池。跨国公司能够通过账户实现全球范围内的资金集中化管理，同时设立FTN账户（Free Trade Non-resident，即非居民自贸账户），能够将公司的境外交易货币汇集到上海自贸试验区，进而提供相应的金融服务；（2）开展跨境飞机租赁融资业务。现有的自由贸易账户具有跨境联动的优势，融资租赁过程中的资金流动通过自由贸易账户完成，能够避免币种匹配错误带来的汇率风险。同时利用自由贸易账户开展专业性和实效性的飞机租赁业务，克服了币种、结算、汇兑等方面的问题，同样也符合国家“扩流入、防流出”的政策要求；（3）在自由贸易账户的基础上，与国际金融机构合作开展并购融资业务。这种合作不仅能够降低汇率风险，同时也能提高对贸易账户交易风险的控制。

自由贸易账户功能不断地拓展，实现本外币一体化管理，成为境外融资、结售汇便利化等许多重要金融改革的基础。自由贸易账户年度业务总额也在不断增加，截至2019年12月底，累计开立FT账户13.1万个，全年跨境人民币结算总额38112亿元，比上年增长49.4%，占全市39.0%；跨境人民币境外借款总额42.63亿元，增长6.9倍。

截至2020年7月，已有58家上海金融机构提供自由贸易账户相关金融服务，包括47家银行、4家财务公司、3家证券公司，以及上海黄金交易所、上海清算所、中央国债登记结算公司和上海保险交易所等4家市场基础设施机构。

截至2020年7月末，各类主体共开立13.2万个上海自由贸易账户，账户余额达3339.5亿元。上海自由贸易账户累计办理跨境结算折合人民币62.7万亿元；

企业通过自由贸易账户获得的本外币融资总额折合人民币1.9万亿元。截至2020年7月，分账核算境外融资业务共发生8591笔，折合人民币3.77万亿元（按发生额计）。

三、上海自贸区自由贸易账户案例

（一）上海申能财务公司开展自由贸易账户分账核算

上海申能集团是上海本地国资委下属的一家电力能源生产、销售和运营的特大型企业集团。集团公司拥有千亿元资产规模，在地方能源国企中实力超群。该集团在服务上海本地经济发展的同时，也同全国其他企业集团一样，积极扩张海外市场，在海外成立了许多业务部门和子公司。申能集团下属财务公司因此也产生了对跨境融资的需求。在看到上海自贸试验区内众多企业和金融机构开展跨境融资的成功案例之后，上海申能财务公司也主动向自贸试验区迁移。在获得自贸试验区工商主管部门和地方银监局的政策许可之后，上海申能财务公司将注册地址迁至上海自贸试验区之内，但是办公地址仍然在区外，实行异地经营。

上海申能财务公司为了尽快争取到获得海外跨境融资各种便利的资格条件，机构业务部门认真按照央行外管局等监管机构关于自贸试验区内企业机构自由贸易账户分账核算的监管要求和操作规程，利用一年多时间进行建设，建设完成了分账核算的业务作业系统及相关配套管理机制。

申能财务在2014年迁址后，在年底做了首笔自贸试验区跨境借款，这是自贸试验区分账核算政策为区内机构带来的红利。财务公司在境内的同业拆借市场只能办理期限在7天的同业拆借业务，但是自贸试验区跨境借款对期限没有限制。2015年在公司迁址到自贸试验区一周年之际，公司获得中国人民银行上海总部及相关业务主管部门的验收通过。中国工商银行纽约分行和汇丰银行香港银行分别向首家落户上海自贸试验区企业集团财务公司——申能集团财务公司发放跨境人民币借款5000万元和1.5亿元，这是申能财务入驻自贸试验区后的创新业务首单自贸试验区跨境人民币借款，用于支持集团海外业务部门开展业务使用。申能财务公司在2014年的跨境借款期限长达一年，这让财务公司的境内外融资能力显著增强。

申能财务公司抓住自贸区分账核算单元（FTU）在金融创新上的巨大优势，迅速创建了适应财务公司特点的FTU体系，成为国内首批通过人民银行验收的非银行金融机构之一。在2015年底，申能财务公司在通过中国人民银行FTU验收后再次开展跨境借款业务。借款资金通过FTU经内外集中收付的渠道，用于支持单位的能源贸易结算，资金成本比境内同期低20%以上。申能财务公司与交通银行首尔分行开展了首单为2亿元的FTU项下的人民币境外借款，借款期限为1年。此次的人民币跨境借款主要用于为集团成员企业管网公司和燃气销售公司办理FTU资金项下集中代付，向上游资源方代付天然气款，并计入成员企业FTU贸易融资。FTU体系的建立一方面扩大了财务公司的资金来源，另一方面，通过FTU账户获得的海外资金成本低于人民币，获得了一定的利差优势。

2015年底，申能财务公司利用FTU开展跨境融资与集团内资金集中收付相结合的业务，形成了FTU资金池的“申能模式”。在2016年6月，申能财务公司完成自贸试验区分账核算单元首笔代客结汇业务，帮助客户增加了汇兑收益，实现自贸试验区自由贸易账户业务的又一创新，

依托分账核算单元面向境外的自由结算、自由汇兑政策，申能财务公司终于实现了境内境外两个市场、两种资源的“互联互通”。申能财务公司依托分账核算单元，打开了金融开放的“百宝箱”，为集团搭建了集跨境借款、集中收付、结算、跨境汇兑、跨境投资、跨境融资以及跨境银团等服务于一体的跨境综合金融服务平台，为公司服务于集团资金统筹规划管理，提升资金整体收益提供极大支撑。

（二）海通证券利用FT账户实现跨境借款

从国际市场融资一直以来是中国企业的梦想，但是由于企业境外融资受到中国监管部门的严格前置审批，并受限于额度管理，因此企业境外借款的操作难度较大。相比普通账户，FT账户因为具有类离岸账户的性质，也可以进行境外借款。

FT账户中的应用分入汇率既不同于境内区外的汇率，也不同于境外汇率，更为接近链的价格。利用FT账户进行汇款业务时，汇款会由系统自动审核，不需要手工审核，效率得到提高，但是利用FT账户最大的变化是，由于FT账户总的资金来源在海外，所以利率会下降15%左右。海通证券利用上海自由贸易试验区的自由贸易账户成功完成自贸试验区内证券公司首单境外借款，有效对接了中资企业的海外融资需求。

2015年《中国（上海）自由贸易试验区分账核算业务境外融资与跨境资金流动宏观审慎管理实施细则（试行）》颁布，允许企业境外融资的规模由原本实缴资金的1倍上调到2倍，金融机构的境外融资也得到允许。同一年海通证券通过与中国农业银行自贸试验区分行合作，成功完成了自贸试验区内证券公司的首单境外汇款。海通证券以自贸试验区分公司为借款主体，利用自贸试验区平台借入海外低成本资金，用于其购买中资企业在香港市场发行的债券。这是证券公司首次根据上海自贸试验区分账核算业务境外融资政策，探索自贸试验区跨境融资业务以及以债务融资工具为基础，为中资企业海外融资提供服务。

具体的操作是，海通证券以自贸试验区分公司为借款主体，将自营持仓的国债或政策性银行金融债券质押给德意志银行（中国），由德意志银行（中国）向德意志银行（新加坡）出具保函，用于担保德意志银行（新加坡）对海通证券自贸试验区分公司的贷款，贷款金额1亿美元。该笔贷款通过FTE账户（区内自由贸易账户）发放，主要用于海通证券自由贸易试验区分公司购买中资企业在香港市场发行的债券（海通证券具有境外证券自营资格）。在资金从境外进入分账核算单元再投资到境外的过程中，中国农业银行自贸试验区分行对该笔贷款资金划转进行系统报送和监控。

海通证券自贸区分公司利用FT账户完成证券公司首单境外借款，规模达1亿美元，期限为3年，利率为伦敦银行间同业拆借利率（Livor）+250个基点，用于购买中资企业在香港市场发行的债券。海通证券通过FT账户实现境外借款，开启了证券公司利用FT账户进行海外融资的先河。由于FT账户内存在汇差效应，除了能够实现外币融资之外，在人民币贬值、国际汇市大幅波动的背景下，FT账户可以享受境内外汇差，能够帮助企业节约成本，有利于促进证券经营机构“走出去”和资产的国际化，对证券经营机构具有一定的复制推广价值。同时FT账户的开通使用把中资企业“走出去”与境外借款有机地结合起来，加快了中国企业利用自贸试验区实验平台进行国际布局的步伐，拓宽了实体企业的融资渠道。因此，加快FT账户的创新发展，对拓宽中资企业的跨境融资渠道，推进跨境融资便利化发展具有重要意义。

第二节 融资租赁——天津自贸试验区

天津自贸试验区在成立伊始即借鉴、复制上海自贸试验区成熟经验，特别是在金融领域，充分借鉴上海自贸试验区在金融制度和金融产品方面的改革创新成果，同时依托天津独特的区位优势，正逐步形成具有自身特色的金融制度创新。

一、天津自贸试验区金融制度创新

（一）加快政府职能转变

深化行政体制改革，加快行政审批制度改革，实行审管职能分离，建立综合统一的行政审批机构，实施“一颗印章管审批”。推进政府管理由注重事前审批向注重事中事后监管转变，健全社会信用体系；建立行业信息跟踪、信息记录和披露制度，完善企业监管和归集的综合性评估、信用约束机制。政府行政管理的效能也要进一步地提升，向自贸区下放经济管理的权限。优化自贸区的审批制度，完善“一口受理”服务模式，缩短审批时间，推进审批后监管的建设。

（二）扩大投资开放领域

2015年4月8日颁布的《中国（天津）自由贸易试验区总体方案》提出：稳步扩大开放领域，改革“引进来”和“走出去”投资管理方式，突出重点，创新机制，有效监管，完善服务，探索建立与国际通行做法接轨的基本制度框架。投资领域的开放主要是：降低投资准入门槛，实施自贸试验区外商投资负面清单制度，减少和取消对外商投资准入限制，提高开放度和透明度，探索对外商投资实行准入前国民待遇加负面清单管理模式；构建对外投资合作服务平台，确立企业及个人对外投资主体地位，支持企业及个人开展多种形式的境外投资合作，逐步减少个人对外投资的外汇管制，对不涉及敏感国家和地区、敏感行业的境外投资项目全部实行备案制。

（三）推动贸易转型升级

积极培育新型贸易方式，打造以技术、品牌、质量、服务为核心的外贸竞争新优势，探索形成具有国际竞争力的航运业发展环境。积极探索服务贸易发展的新途径和新模式，积极发展跨境电子商务，并完善相应的海关监管措施；发展外包业务。建设亚太经济合作组织绿色供应链合作网络天津示范中心，建立绿色供应链管理体系，开展绿色贸易。扩大期货保税交割试点品种，完善质押融资所涉及的仓单确权工作。增强国际航运服务功能，放宽中外合资限制，鼓励境内外航运保险公司和保险经纪公司等航运服务中介机构设立营业机构并开展业务。大力发展保税展示交易，利用“分批出区、集中报关”“有效担保”等海关创新措施，推动特殊监管区内外联动。

（四）促进租赁业发展

融资租赁是天津自贸试验区的特色。天津自贸试验区的目标是建设世界一流的租赁聚集区，把融资租赁支持实体经济发展的功能落实到位。天津自贸试验区东疆片区开创了融资租赁的“东疆模式”。

天津自贸试验区与其他自贸区在融资租赁政策方面的相同点是：统一内外资融资租赁企业准入标准，设立审批和事中事后监管，允许注册在自贸试验区内由省有关主管部门准入的内资融资租赁企业享受现行内资试点企业同等待遇；对跨境租赁实施异地监管的模式，对特殊监管区域内融资租赁大型机器设备或者涉及跨关区的业务，实施海关异地委托。

天津自贸试验区还有区别于其他自贸试验区融资租赁的支持措施：支持在自贸试验区内设立专业子公司，注册资金不受限制；规范行政许可审批，实行限时办结制；鼓励境外融资，允许开展保理业务和福费廷业务；进一步拓宽投融资渠道，允许租赁公司在限额内自主开展跨境投融资、人民币租赁资产跨境转让和跨境双向人民币资金池等业务；提高资金运营的灵活性和业务服务的便利化。

（五）拓展金融服务

推动金融服务业对符合条件的民营资本全面开放，在加强监管前提下，允许具备条件的民间资本依法发起设立中小型银行等金融机构。支持在自贸试验区内设立外资银行和中外合资银行。条件具备时适时在自贸试验区内试点设立有限牌照银行。对中小型金融机构实行差别化管理。在完善相关管理办法，加强有效监管前提下，允许自贸试验区内符合条件的中资银行试点开办外币离岸业务。鼓励金融机构积极开展动产融资业务，利用动产融资统一登记平台，服务中小企业发展。支持商业保理业务发展，探索适合商业保理发展的外汇管理模式。开展人民币跨境再保险业务，培育发展再保险市场。支持在自贸试验区内设立专业机构，开展巨灾保险试点工作。逐步允许境外企业参与商品期货交易。

（六）推动实施京津冀协同发展战略

《中国（天津）自由贸易试验区总体方案》明确表示，建设天津自由贸易试验区，就是要打造一个为京津冀协同发展服务的高水平对外开放平台，一个服务区域深化改革、扩大开放的综合平台，达到“落一子、全盘活”的效果。实现京津冀协同发展的措施主要包括：完善京津冀通关一体化改革，探索无水港启动港运退税政策；完善京津冀集疏运体系和保税物流网络；推动区域金融市场一体化和区域产业的转型升级，吸引高端产业集聚，加强交易市场的互联互通。总体方案中还明确表示自贸试验区应发挥融资租赁等金融产业优势，服务天津市和北京市、河北省实体经济，促进区域经济转型发展。

（七）监测和管理

建立金融风险防控体系，完善跨行业、跨市场的金融风险监测评估机制。探索建立跨境资金流动风险监管机制，对企业跨境收支进行全面监测评价，实施分类管理。加强对重大风险的识别和系统性金融风险的防范。完善对持有各类牌照金融机构的分类监管机制，加强金融监管协调与合作。强化外汇风险防控，实施主体监管，建立合规评价体系，以大数据为依托开展事中事后管理。做好反洗钱、反恐怖融资工作，防范非法资金跨境、跨区流动。贸易区内投资和经营领域监管的加强，要在完善负面清单管理模式基础上，协助国家有关部门建立外商投资企业准入阶段安全审查工作机制，强化外商投资实际控制人管理；配合国家有关部门探索建立反垄断机制，做好经营者集中、垄断协议、滥用市场支配地位等方面的反垄断制度安排。

截至2020年2月底，天津自贸试验区累计新登记市场主体65271户，注册资本2.2万亿元。截至2019年底，区内新增企业46605户，近3年内开具过销售发票的企业37688户，占81%。累计新增外资企业2707户，实际利用外资100.17亿美元。其中2019年新增外资企业278户，占全市的40%；实际利用外资22亿美元，占全市的46.5%。累计新设境外企业机构266家，中方投资额232亿美元。其中2019年新设境外企业机构39家，占全市的60.3%；中方投资额7.92亿美元，占全市的49.7%。累计实现税收1635亿元，其中2019年实现税收484.22亿元，占全市的29.6%。累计实现进出口贸易额11029.23亿元人民币，其中2019年实现进出口贸易额2071亿元，占全市的28%。区内企业累计新开本外币账户8.1万个，跨境收支2117.5亿美元，结售汇942.4亿美元，跨境人民币结算4111.3亿元，占全市的39.8%。

二、融资租赁——天津自贸试验区金融制度创新亮点

融资租赁，一直被称为天津自贸试验区的特色，受到极大的重视。天津市重点打造融资租赁行业为地方特色支柱金融产业，其行业发展离不开国家、地方政策的大力支持。在天津自由贸易试验区挂牌前，天津市已经出台了多个关于租赁业的相关文件。

2015年4月8日，国务院颁布《中国（天津）自由贸易试验区总体方案》，其中多次提到促进融资租赁业务的发展，要做大做强融资租赁业，服务实体经济的发

展。对于自贸试验区内租赁水平提升制定了措施：支持设立中国金融租赁登记流转平台，同意内外资融资租赁企业准入标准、审批流程和事中事后监管；放宽区内租赁公司的限制，允许设立专业子公司、经营大型设备、承台设备等融资租赁业务，并开展境内外租赁业务；支持租赁公司扩大跨境人民币资金使用范围，鼓励开展与主营业务相关的保理业务和福费廷业务；同时加大对自贸试验区海关特殊监管区域内的进出监管，也可按实际需要试行海关异地委托监管。

2015年12月9日，中国人民银行发布的《人民银行关于金融支持中国（天津）自由贸易试验区建设的指导意见》的总体原则中明确提到要立足天津区位特征和经济特色，围绕金融支持租赁业发展特点，拓展金融服务功能，带动全国租赁业稳健发展。进一步扩大自贸区金融租赁跨境资金的使用范围。自贸试验区允许区内符合条件的融资租赁收取外币租金、支持租赁公司依托自贸试验区要素交易平台开展以人民币计价结算的跨境租赁资产交易；允许自贸试验区内租赁公司在境外开立人民币账户用于跨境人民币租赁业务，允许租赁公司在一定限额内同名账户的人民币资金自由划转；同时探索建立与自贸试验区相适应的账户管理体系，办理跨境经常项下结算业务、政策允许的资本项下结算业务、经批准的自贸试验区资本项目可兑换先行先试业务，促进跨境贸易、投融资结算便利化。

2015年天津市人民政府出台《关于加快我市融资租赁业发展的实施意见》，对促进融资租赁发展和扩大飞机租赁等融资租赁业务规模提出意见。东疆保税港区租赁业创新先行先试，支持融资租赁企业设立项目子公司，不设最低注册资本金限制。简化融资租赁企业境外设立子公司的审批手续，推行融资租赁企业租赁物出口退税的经验。天津市政府还给出增加金融支持力度的意见：鼓励银行机构对融资租赁企业实行单独授信，支持境外投资及并购重组；支持融资租赁企业发行股票、债券、中期票据等方式进行直接融资或者利用中征应收账款融资服务平台开展应收账款融资业务；支持保险机构开展融资租赁保险业务和跨境担保业务；加强资产管理公司开展融资租赁企业资产管理业务，简化融资租赁企业对外债权外汇管理，对对外融资业务实行事后登记。

2016年初商务部和国家税务总局发布《关于天津等 4 个自由贸易试验区内资

租赁企业从事融资租赁业务有关问题的通知》。该通知规定商务部和国家税务总局将内资试点融资租赁公司确认和管理权限下放到各自贸试验区所在的省、直辖市、计划单列市（以下简称省级）商务主管部门和国家税务总局，这在很大程度上便利了自贸试验区内的内资融资租赁企业申请试点获取相应优惠。截至2016年6月，在天津市注册的融资租赁公司有983家，其中金融租赁公司有8家。

2018年5月24日，国务院批复了《进一步深化中国（天津）自由贸易试验区改革开放方案》，进一步深化自贸区改革开放，推进京津冀协同发展。建设全国性金融租赁行业社会组织，推进租赁公司接入金融信息基础数据库，在强化监管的前提下研究融资租赁企业税前扣除政策。积极探索两家及两家以上金融租赁公司共同设立项目公司开展租赁业务，开展租赁产业配套外汇制度创新试点。同时还指出要鼓励保险资金支持租赁业发展，丰富保险投资工具。鼓励符合条件的金融租赁公司和融资租赁企业利用银行间市场发行债券和资产证券化产品，支持京津冀协同发展重点产业项目建设。支持服务京津冀协同发展的租赁和保理项目开展跨境融资，以优化区域金融资源配置。

在海关总署和天津海关的支持下，北京、天津、石家庄、上海、杭州、广州、深圳、青岛、济南、海口、成都、昆明12个海关签署合作备忘录，共同打造进口租赁飞机海关跨关区联动监管新模式，进一步简化通关手续、提高通关效率，促进我国进口租赁飞机新业态发展；国家税务总局、海关总署发布《关于进口租赁飞机有关增值税问题的公告》，明确自2018年6月1日起，对申报进口监管方式为租赁不满一年、租赁贸易、租赁征税的租赁飞机，海关停止代征进口环节增值税。自此，困扰行业多年的重复征税问题得到彻底解决，航空金融产业迎来了重大的财税利好。

2019年，天津市人民政府办公厅印发《中国（天津）自由贸易试验区创新发展行动方案》中，对推进融资租赁业务提出新的要求。加大国际化要素市场培育力度，争取设立中国金融租赁登记流转平台，推进飞机、船舶、大型设备等租赁资产登记、流转、公示等试点；率先开展融资租赁外汇配套政策试点，争取对有需求的外资租赁、保理公司进一步扩大外债额度；争取在天津自贸试验区设立全国性租赁行业协会，设立航空金融协会；允许内外融资租赁公司及其项目公司参照金融租赁公司，对融资租赁业务年末资产余额提取坏账损失准备金，对按规定提取的坏账损失准备金准予税前扣除。

2019年，国家外汇管理局批复同意在天津自贸区内率先开展飞机离岸融资租赁对外债权登记业务。该业务允许天津自贸区内的融资租赁企业办理相关手续之后，在飞机不入境的情况下，直接租赁给境外客户，而资金仍然在境内进行结算。同时，东疆发挥创新引领作用，积极搭建高水平承载平台，充分释放制度创新动能，出台首个保税租赁海关规定，完成大型直升机租赁海关异地委托监管。

三、天津自贸试验区融资租赁案例

（一）天津自贸试验区融资租赁“东疆模式”

天津自贸区东疆片区融资租赁产业是领先全国的优势产业。目前，租赁标的物已覆盖飞机、船舶、海工平台、电力设备、轨道交通、新能源、医疗器械无形资产等国民经济重要领域，在东疆平台完成的飞机、船舶、海工平台跨境租赁业务在全国占比高达80%。以进口保税租赁、离岸租赁、联合租赁、资产包租赁等40种创新租赁业务模式，形成了业界公认的“东疆模式”，不断引领和推动中国租赁产业创新发展。

融资租赁“东疆模式”是指融资租赁公司在天津东疆港保税区设立特定的公司(SPV公司)对特定的租赁物进行融资租赁的行为与模式。融资租赁公司通过设立SPV公司进行租赁活动，一方面既享受东疆港保税区的相关政策优惠，降低租赁成本；同时由SPV特殊目的公司将租赁资产标的物出租给承租人与用户，对租赁资产标的物单独管理、单独核算，最大程度上隔离了经营风险，降低了风险危机发生的可能性。

在融资租赁“东疆模式”中，天津东疆保税港区融资租赁促进局建立了一支一流且经验丰富的专业化服务团队，以“专家+管家+保姆”式的服务特色，致力于为各类投资者量身定制系统解决方案，解决相关企业在租赁和金融业务开展过程中遇到的法律、政策、海关、外汇、融资安排、税务筹划、业务代理、企业服务等一系列问题。同时，为投资者提供优质高效的公共服务，如提供租赁、保理、基金、资产管理等新金融产业的投资服务；提供飞机、船舶海工、大型设备租赁业务的全面解决方案；提供有关融资、税务、法律等企业业务开展过程中亟需的专业咨询服务；帮助企业建立与海关、外汇、商务等监管部门及银行、基金和中介机构的沟通联系；协助安排与同业、承租人商务洽谈以及交流推介活动；全程高效协助企业完成落户所需的市场监管、税务、海关、外汇等相关手续。

融资租赁“东疆模式”的运作流程：

（1）由融资租赁的母公司设立一个SPV特殊目的公司，该SPV公司选址主要选择东疆港保税区，成立的目的与内容主要是以该特殊目的公司为载体进行接下来的融资租赁交易。

（2）由该特殊目的公司进行筹资。该筹资属于正常的长期资本的筹资，主要包括长期债务资本筹资与长期股权资本筹资。

（3）由该特殊目的公司与租赁物生产商进行交易，并将筹集到的资金用于购买租赁物。在完成资产标的物的购买工作后，将收到的租赁标的物出租给承租人使用。至此，承租人与融资租赁公司签订的租赁合同也开始正式生效。承租人按期向特殊目的公司交付租金；特殊目的公司将收到的租金分为两部分进行还款，一部分用于债务还款，一部分用于权益还款。

（4）承租人按期向SPV特殊目的公司交付租金；特殊目的公司将收到的租金分为两部分进行还款，一部分用于长期债务还款，另一部分用作长期权益还款。

（5）租期结束后，对于租赁物的剩余价值，可以根据承租人与出租人之间的规定或交易习惯，决定由哪一方拥有租赁物的剩余财产。特殊目的公司将所有的租金大致分为三部分。其中两部分仍然参照上一步骤进行还款，剩余部分可以作为特殊目的公司经营的利润。至此，整个SPV融资租赁模式的运作流程结束。

截至2019年8月，东疆累计注册包括SPV在内的租赁企业超过3360家，注册资本金达5500亿元，租赁资产总额突破1万亿元。其中在航空领域，东疆租赁飞机超过1500架，资产总额超过750亿美元，囊括了波音、空客、庞巴迪、巴航工业、中商飞等17个品牌、48种机型。

（二）民生金融租赁股份有限公司——离岸融资租赁

民生金融租赁公司于2008年4月成立，由中国民生银行和天津保税区投资公司共同发起创建，主营飞机、船舶、车辆及工程机械、能源设备租赁等业务。民生金融租赁公司以“专注金融租赁业发展”为使命，以“打造治理结构完善、业务特色非常鲜明、盈利水平最好的大型民营金融租赁公司”为愿景，培育有特色的市场竞争优势和可持续发展能力。

2019年天津自由贸易试验区成为全国首个可开展离岸融资租赁对外债权登记业务的区域，该项政策落地解决了企业开展离岸融资租赁业务的租金收汇问题，为中国租赁企业利用境内SPV开展船舶跨境租赁业务，进军国际船舶租赁市场消除了后顾之忧。天津自贸试验区作为国内融资租赁的聚集地，拥有良好的政策环境，一直以来是中国租赁的“创新高地”。民生金融租赁公司在这样良好政策环境的背景下，保持着快速发展。

2019年12月民生金融租赁通过设立在天津东疆保税港区的特殊目的公司（SPV）成功开展了4艘64000载重吨大灵便型干散货船的离岸融资租赁业务，完成了天津自贸试验区首单船舶离岸融资租赁业务。该笔交易的承租人为主营海运运输的新加坡船东，船舶注册于马绍尔群岛，建造船厂为中海工业（江苏）有限公司，未来租赁物将在国际航线上执行运输任务。同时天津民生金融租赁公司在国家外汇管理局天津市分局和滨海新区中心支局的帮助和支持下，完成离岸融资租赁对外债券登记业务。

首单离岸融资租赁业务的成功落地，在业内再次形成了良好的示范作用，为天津自贸区通过金融创新进一步吸引更多租赁企业创造了更有利条件，更为中国租赁企业更好地参与国际竞争打通了路径。民生金融租赁将继续借助天津自贸区的政策优势，进一步拓展国际业务，积极响应国家“一带一路”倡议，为中国租赁业的发展贡献力量。

第三节　跨境金融——福建自贸试验区

福建自贸试验区是我国第二批成立的自贸试验区，自成立以来福建自贸试验区通过扎实推进金融开放创新，在金融服务实体经济、加速金融机构集聚、深化两岸金融合作、加强金融监管、共建“一带一路”等方面，产生了一系列的金融创新成果，实现对对外开放新格局的有力支撑。

一、福建自贸试验区的金融制度创新

2015年以来，福建自贸试验区坚持改革开放、风险可控、坚持金融服务实体经济，以深化两岸金融合作为主线，突出特点，促进贸易投资便利化，推动经济转型升级，为两岸经贸合作和21世纪海上丝绸之路核心区建设提供金融支持。金融制度创新主要体现以下几个方面：

（一）扩大人民币跨境使用

福建自贸试验区自挂牌以来，先后出台了一系列跨境人民币业务试点政策，扩大跨境人民币使用范围，简化结算流程，推出跨境人民币自贸试验区联行代付、跨境直贷、反向风险参贷、跨境人民币贸易融资综合服务等业务。为企业开展跨境人民币贸易、投融资活动提供了极大便利，降低了资金的使用成本。在办理跨境人民币贸易投资业务时，符合条件的优质企业不需要向银行递交每一笔业务的详细资料，直接提交收付指令就可以；银行方面也只要按照企业提交的收付指令，就可直接为企业办理相关业务，具体包括：服务与货物的跨境贸易人民币结算业务，外商直接投资资本金、境外融资调入等资本项目人民币收入资金在境内的支付使用。这些举措简化了区内银行办理业务的手续与流程，为区内企业开展跨境人民币贸易、投融资活动提供了更大便利。

（二）深化外汇管理改革

福建自贸试验区推出了限额内资本项目可兑换、简化经常项目和直接投资外汇登记流程、实行外汇资本金和外债资金意愿结汇制等创新举措。后又推出放宽货物贸易电子单证审核条件，允许区内金融机构为境外企业在境内开设的外汇账户办理结汇手续，允许公司在开展融资租赁业务时以外币作为计价货币来收取租金等一系列外汇管理改革创新政策；区内可开展资本项目外汇收入支付便利化试点业务；将境内直接投资外汇登记手续的办理区域放宽到辖区内任一银行；区内的外资企业如果不是投资性的企业，允许其以资本项目外汇收入或结汇所得人民币资金在我国境内进行股权投资；允许区内企业按照发展的需要，及时调整相应的外债借用模式；企业跨境融资只需保持提款币种与偿还币种二者一致即可；外债注销程序大为简化；推出取消银行、农村信用社结售汇业务市场准入、退出等4项外汇管理行政许可申请材料的试点政策。这些创新举措简化了外汇登记管理的行政审批程序与业务办理流程，降低了企业的办事成本，大大提高了投融资的便利性。

（三）跨境资金集中管理

在福建自贸试验区内可开展跨境双向人民币资金池业务，区内符合条件的跨国公司可根据业务发展的需要，在集团内部成员之间开展跨境人民币资金池业务；将外汇资金集中管理的最低要求降至本外币国际收支规模高于5000万美元；开展外债和境外放款的宏观审慎管理；简化外汇登记流程；实行资本项目外汇收入结汇支付便利化等。这些措施提高了外汇资金使用的便利性，逐步形成跨国资金一体化管理体系。

（四）跨境融资业务

福建自贸试验区积极推行跨境融资租赁、跨境金融区块链服务、跨境外汇“快捷通”等一系列跨境金融创新业务，其中，推出的融资租赁“新三板快易租”和“周转材料租赁”业务均为全国首创；鼓励银行等金融机构根据融资租赁公司的实际情况实行单独授信；鼓励融资租赁企业通过发行金融债券，企业债券，中期、短期票据，非公开定向融资等多种融资方式筹集所需资金；鼓励区内融资租赁企业差别化利用境内外资金；简化融资租赁企业在境外债权的外汇管理。实施“区块链+跨境金融”业务，通过搭建跨境金融区块链服务平台，利用区块链技术，在平台上整合企业的出口贸易报关数据，银行依据该数据对企业出口贸易融资业务的真实性进行审核；推出了跨境外汇“快捷通”、“跨境快贷——退税贷”、证保通等一系列跨境金融产品与服务。

（五）拓展金融服务

福建自贸区充分运用区内可以先行先试的独特优势，推出“银税互动”、“关数e”关税保证保险、电子汇总征税保函、年度投标保证金贷款、中小微企业综合金融服务等一系列金融产品与服务。通过银行等金融机构加强与海关、税务等部门的合作，搭建“互联网+”、区块链等服务平台，实现信息的互通共享，为企业提供免抵押的金融产品，不断提高金融创新服务实体经济的质效。

截止到2019年12月底，福建自贸试验区内银行办理跨境人民币业务累计金额达4941.95亿元；区内企业办理直接投资外汇累计金额达188.38亿美元。已有6家企业受惠于资本项目外汇收入支付便利化业务的开展，累计为其办理21笔，金额达1.13亿美元；跨境双向人民币资金池业务，实现资金流入116.84亿元，资金流出168.68亿元；实现外汇流入4.58亿美元，外汇流出6.41亿美元；区内新增企业数量累计8.8万户，是挂牌前企业数量的5.7倍；注册资本数额共计1.9万亿元，是挂牌前的8.7倍。全省已有35家银行与税务部门签订合作协议，通过“银税互动”，共计为3.2万户小微企业提供银行信用贷款，累计金额达479.2亿元。与海关开展合作的金融机构数量已增至20家，已为370家企业提供服务，授信额度达到2.8亿元；已办理关税保证保险业务达1500多笔，担保金额135亿元。

二、跨境金融——福建自贸试验区金融制度创新亮点

福建自贸试验区自建立以来一直创新跨境金融业务，现在跨境金融业务已经成为福建自贸试验区的一项特色发展项目。

2015年4月，国务院批准《中国（福建）自由贸易试验区总体方案》，提出自贸试验区内跨境金融的发展方案。（1）外商投资管理模式的改革。探索对外商投资实行准入前国民待遇加负面清单管理模式。对外商投资准入特别管理措施（负面清单）之外领域，按照内外资一致原则，外商投资项目实行备案制；放宽外资准入，减少和取消外商投资准入限制，提高开放度和透明度。完善投资者权益保障机制，允许符合条件的境外投资者自由转移其合法投资收益。（2）自贸试验区内试行资本项目限额内可兑换，符合条件的机构可在限额内自主开展直接投资、并购、债务工具、金融类投资等交易；允许自贸试验区内企业、银行从境外借入本外币资金，企业借入的外币资金可结汇使用。探索建立境外融资与跨境资金流动宏观审慎管理政策框架，支持企业开展国际商业贷款等各类境外融资活动。放宽自贸试验区内法人金融机构和企业在境外发行人民币和外币债券的审批和规模限制，所筹资金可根据需要调回自贸试验区内使用。（3）拓展自贸区的金融服务功能。研究探索自贸试验区内金融机构（含准金融机构）向境外转让人民币资产、销售人民币理财产品，多渠道探索跨境资金流动。推动开展跨境人民币业务创新，推进自贸试验区内企业和个人跨境贸易与投资人民币结算业务。在完善相关管理办法、加强有效监管前提下，允许自贸试验区内符合条件的中资银行试点开办外币离岸业务。支持自贸试验区内设立多币种的产业投资基金，研究设立多币种的土地信托基金等。支持符合条件的自贸试验区内机构按照规定于境内外证券期货市场双向投资。

2015年11月16日福建省自贸办印发《关于支持福建自贸试验区跨境电商、保税展示交易、转口贸易、商业保理等重点业态发展的若干措施》，支持跨境电商的发展。（1）支持商业保理公司通过银行贷款、境内外发债，以及借用短期外债和中长期外债等进行融资，通过设立保理行业发展基金等融资方式，解决商业保理企业融资难、成本高的问题。（2）拓展国际保理业务，支持金融机构做好自贸试验区

保理企业拓展国际保理业务中的跨境本外币资金结算、跨境担保服务，适度简化程序。中国银行自贸试验区分行打造的进出口外包金融服务平台，自主研发“汇款报文抓取系统”，对接福建一达通平台，通过精准匹配客户的交易、结算等信息，帮助企业缩短收汇入账时效，节约出口费用，降低交易成本。

2015年12月，中国人民银行发布《中国人民银行关于金融支持中国（福建）自由贸易试验区建设的指导意见》，提出一系列跨境金融业务发展的措施。（1）该文件提出银行业金融机构可按规范办理跨境投资人民币结算业务、境外人民币债券发行、跨境人民币投资基金、人民币结算跨境租赁资产交易业务。在跨境融资租赁方面有：允许融资租赁以外币支付、允许融资租赁公司兼营与主业相关的商业保理业务、推动跨境融资租赁的模式创新，例如福州片区融资租赁公司全国首创的“新三板快易租”业务、设备与材料异地租赁业务等模式。（2）支持开展人民币资金池业务，为其境内外关联企业提供经常项下的人民币集中收付业务；（3）支持自贸试验区内符合条件的企业按规定开展人民币境外证券和境外衍生品等投资业务。（4）允许区内银行业金融机构按照银行间市场等相关政策规定和我国金融市场对外开放的整体部署为境外机构办理人民币衍生品业务。（5）允许区内个体工商户根据业务需要向境外关联经营主体贷出人民币资金。（6）同时对非金融机构跨境金融业务提出要求：非银行金融机构和企业从境外借入的人民币资金的运用应符合规定，用于自贸试验区建设，不得用于投资有价证券、理财产品、衍生产品和委托贷款。

2018年11月，福建省人民政府印发《关于进一步推进中国（福建）自由贸易试验区改革创新三十五条措施的通知》，进一步提出跨境金融业务创新的具体措施。（1）拓展人民币业务。争取自贸试验区内金融机构向境外转让不良资产，满足实体经济对风险资产处置的需求。支持自贸试验区内银行业金融机构按相关规定向台湾省金融同业跨境拆出短期人民币资金。支持平潭各金融机构试点人民币与新台币直接清算，境外机构境内外汇账户办理定期存款业务。（2）拓展NRA账户功能。允许自贸试验区银行基于实际交易背景通过NRA账户开展授信、设立跨境双向资金池、收取境外人民币同名账户资金等业务。争取自贸试验区银行通过NRA账户开展理财、结构性存款、远期结售汇和外汇衍生品交易等业务，对NRA账户资金免缴存款准备金。（3）资本项目管理的便利化。外资外汇登记可在省外汇局辖内所有银行办理、一笔外币外债可开立多个专户、开户银行可直接办理外债注销登记手续等政策。

福建自贸试验区在本外币跨境结算制度上也进行了创新。（1）探索建立与自贸试验区相适应的账户管理体系。根据自贸试验区实际情况，按照账户管理有效区分的原则，为符合条件的境内外主体开立人民币银行结算账户，办理自贸试验区跨境人民币结算业务。（2）简化跨境人民币结算业务流程，按负面清单管理模式为区内企业提供经常项下和直接投资项下的跨境人民币结算业务。（3）区内个人办理经常项下和直接投资项下的人民币跨境结算业务。

至2019年12月末，福建自贸试验区共提供便利人民币跨境业务4941.95亿元，其中货物贸易780.52亿元，企业跨境融资1494.05亿元，人民币贸易结算金额达780.52亿元，区内办理的人民币跨境结算金额约为1600万元。福建自贸试验区实施跨境双向人民币资金池业务，吸引了跨国企业在福建自贸试验区内注册成立企业，累计流入资金116.84亿元，流出168.68亿元；国内企业办理直接投资外汇登记业务共计1290笔，累计金额达到188.38亿美元。外商直接投资项下资本金亿元级结汇104笔，金额8.21亿美元；贸易区内共有3家企业开展融资租赁业务并收取外币租金，累计金额111469.25万美元。区内跨国企业外汇资金集中管理项下商务外债额度达到14.09亿美元，向外放款金额高达6.78亿美元，实现外汇流入4.58亿美元，外汇流出6.41亿美元。区内金融机构通过跨境区块链平台已经为企业办理跨境融资业务两百多笔，资金总金额约7000万美元。

福建自贸试验区还推出跨境外汇“快捷通”“跨境快贷–退税贷”“证保通”等一系列跨境金融产品与服务。这一系列跨境金融产品的推出，拓宽了企业和金融机构开展跨境融资业务的空间。到2019年已为区内企业办理国际贸易结算业务金额达500亿美元，办理跨境人民币结算业务的金额约为1700亿元，办理跨境贸易融资业务金额约为535亿美元。

三、福建自贸区跨境金融案例

（一）高龙集团——外汇资金集中运营管理

跨国公司外汇资金集中管理是自贸试验区金融创新的举措之一，指以企业内部的财务公司为载体，通过境内外汇资金集中管理专户对境内外汇资金进行集中运营管理。这种模式下，外汇管理局允许集中管理的主办企业开立人民币和外汇双账户，在一定额度内，允许企业双账户上的外汇资金和人民币资金自由兑换，从而最大限度减少审批环节，降低融资成本，提高企业的资金运用效率，使得企业更加便捷地实现境内外资金一体化管理。同时，这一新模式能够将企业传统的境内贸易融资模式调整为与境外市场直接对接的境外融资模式，使得企业总体融资成本从原来的4.5%左右降低到3%左右。

在2016年前，福建省仅有3家企业开展这一业务。2015年底，国家外汇管理局福建省分局印发《推进中国（福建）自由贸易试验区外汇管理改革试点实施细则》，将外汇资金集中运营管理业务准入门槛从上年度本外币国际收支规模超过1亿美元，下调为达到5000万美元。福州自贸试验片区抓住机遇，积极推进金融机构与企业的对接。

高龙集团下的子公司较多，其中境外公司有6家，境内公司13家，并且子公司的进口业务基本是通过集团公司作为境外桥梁向最终出口方采购，2015年累计付汇量接近1亿美元，对资金集中管理的金融需求强烈。实施外汇资金集中运营管理业务能够提高集团外汇资金使用效率，降低企业的财务成本。

2016年7月，兴业银行福州自贸试验区分行与高龙集团签署外汇资金集中运营管理银企合作协议。总部位于中国香港的高龙集团利用这一新业务，把境内外19家公司年均近1亿美元的外汇资金归集到福州自贸片区进行统筹管理。在合作过程中，兴业银行福州片区分行为高龙集团办理了背对背信用证、信用证境外贴现等新型跨境外汇资金集中运营管理业务，使企业能更加灵活地调控管理境内外资金，实现整体融资成本降低1.5个百分点。

跨国公司外汇资金集中运营管理业务的破冰，意味着福州自贸试验片区银行业的资金池服务方案体系更加完善，将为自贸试验区内总部经济的发展提供有力支撑。开展外汇资金集中运营管理业务，有益于为企业搭建跨国资金一体化管理体系，便于企业统筹资金余缺，提高资金使用效率，降低企业财务成本，实现金融创新服务实体经济的目的。

（二）中铝瑞闽股份有限公司——向境外金融机构举借外债

中铝瑞闽股份有限公司（以下简称“中铝瑞闽”）是一家从事高精铝板带加工的现代化企业，其主导产品远销欧美、东南亚等国家和地区。随着公司不断发展，其对资金的需求量也不断增加。

2016年在福建自贸试验区成立一周年之际，在福建省国家外汇管理局的大力支持下，建设银行福建自贸试验区福州片区分行为中铝瑞闽股份有限公司办理的首笔180万美元外债资金成功到账，实现了福建省内自贸区内中资企业使用短期外债工具向境外金融机构举借外债的突破。

在此次创新中，建设银行福建省分行通过与建设银行首尔分行紧密合作，以建设银行集团的实力服务实体经济，与中铝瑞闽股份有限公司签订了1000万美元借入外债的三方协议，期限1年，用于公司的生产流动资金。中铝瑞闽通过建设银行获得的境外资金，成本低于同期限国内融资成本。公司财务部负责人表示，由于借用短期外债无须事先申请指标，该政策为企业节省了借债时间，提高了其跨境融资的自主性。

中铝瑞闽还一直与中国银行保持着密切的联系。2017年第一季度，中国银行福建自贸区福州片区分行联动日本东京分行，为中铝瑞闽提供了1000万美元的海外直贷及货币互换组合产品，在不考虑利率上浮及汇率成本的情况下，一年大约可为企业节约2.85%的财务成本。跨境融资在锁定融资汇率、利率成本的前提下，拓宽了融资渠道，降低了融资成本。

跨境融资的成功发放，是依托自贸试验区特殊的政策背景，为区内中资企业增加多元化选择、进一步提高融资灵活性而进行的一次有益尝试，不仅有效解决了中资企业借外债难的问题，同时也简化了外资企业引入外债资金的流程，为区内企业提供了便捷的低成本融资渠道。

（三）平潭天福茶叶有限公司——人民币双向资金池

天福茗茶集团创建于1993年，是一家集茶叶产、制、销、科研、文化于一体的综合性茶业集团，也是全国最大的茶业集团企业之一，2011年在香港联交所挂牌上市，成为国内第一家在港上市的茶企，业务范围遍及全国，产品远销美、加、东南亚地区。

在企业跨境经营过程中，天福集团内盈余资金的使用常常需要经过调配，包括：当境内资金盈余而境外资金不足时，境内企业通过境外放款方式借款给境外企业；当境内资金不足而境外资金盈余时，境内企业向境外借入外债。在跨境双向人民币资金池政策未落地福建自贸试验区前，这种调配的手续复杂、过程繁复，境外放款或外债需经中国人民银行、外汇管理局逐笔审批，手续较为繁琐，流程耗时较长，且资金只能在借贷合同指定双方间使用，无法满足境内外集团成员企业间短期资金流动、灵活调剂使用及时效性需求。

2016年4月，跨境双向人民币资金池业务落地福建自贸试验区，允许跨国企业集团根据自身经营和管理需要，在符合条件的境内外非金融成员企业之间开展跨境人民币资金余缺调剂和归集业务，便利跨境调度资金，提高资金使用效率。而且，区内开展跨境双向本外币资金池业务，业务门槛仅为区外的一半。

中国银行福建自贸试验区平潭片区分行综合分析公司经营情况、股权架构、内控制度等情况，向天福集团宣传资金池相关政策福利。天福集团抓住机遇，累计办理了跨境双向人民币资金池业务14笔，金额达6亿元，降低融资成本500余万元。此举不仅满足了集团资金调拨之需，而且进一步推动了集团品牌“走出去”，朝着国际化经营的目标大踏步前进。截至2019年1月末，福建自贸试验区企业开展跨境双向人民币资金池业务，累计流入45.1亿元，流出92.76亿元。

福建自贸试验区内的企业可以根据自身发展的需要，积极开展集团内跨境双向人民币资金池业务，打通了境内外资金流通的渠道，有利于跨国企业集团提升企业自身财务管理水平、提高资金使用效率和透明度、加强集团对境内外成员企业的资金风险控制，有力推动了企业将人民币作为全球资产配置选择，对加快人民币国际化起到了积极的促进作用。

第七章

制度创新篇（3）：人才制度创新

第一节　上海自贸试验区

一、上海自贸试验区的人才制度创新

与其他自贸试验区相比，上海一直以来都拥有较好的人才基础和人才聚集机制，也更具有开放性、前瞻性和先进性。上海一直致力于建立一个国际人才自由港，而其丰富的人才吸引政策及良好环境则为自贸试验区人才聚集提供了重要支撑。上海自贸试验区开放的人才观念是采取更加积极开放的人才政策、建立更加开放的人才机制体制的基础。人才集聚的实现除了实施有效措施外，首先还应该有跨区域化的人才观念和对多样化人才需求的了解。以中国（上海）自由贸易试验区临港新片区（以下简称新片区）为例，临港新片区管委会发布新片区政策支持人才发展的若干措施，围绕加大国内人才引进、促进海外人才引进、加强人才住房保障、实施人才专项奖励等方面内容，提出48条措施，力求通过一系列高含金量的人才政策，促进新片区人才集聚。其中，明确提出将定向微调新片区住房限购政策，调整商品住房选房购房制度，实施限价商品房政策。

（一）加大国内人才引进力度

针对在新片区工作并居住的各类人才实施居住证专项加分、缩短“居转户”年限、公益事业单位录用应届毕业生落户加分、管委会直接审批人才直接引进落户、重点机构紧缺急需人才直接引进落户、紧缺急需技能人才直接引进落户、高等级技能人才直接引进落户、特殊人才推荐落户等8方面优惠政策。

对在新片区工作并居住的上海市居住证持证人，新片区将予以居住证专项加分，每满1年积2分，满3年后开始计入总积分，最高分值为20分。对在新片区用人单位工作的各类人才，新片区将缩短其“居转户”年限。已在新片区工作不少于3年的，居转户年限由7年缩短为5年；符合新片区重点产业布局、经新片区管委会推荐的用人单位的核心人才，且已在新片区工作不少于2年的，居转户年限由7年缩短为3年。

新片区还将对公益事业单位录用应届毕业生实施落户加分。教育、卫生等公益事业单位录用非上海生源应届普通高校毕业生，直接落户打分时加3分，人才落户更便利，有利于新片区引进教育、卫生等人才。新片区将办理人才直接引进落户审批。符合本市引进人才申办常住户口或留学回国人员申办常住户口条件的人才，用人单位可向新片区管委会指定机构申报，由新片区管委会审批后直接落户。对重点机构紧缺急需人才，新片区将直接引进落户。管委会结合重点产业布局和发展实际，推荐区域内用人单位纳入本市人才引进重点机构清单。纳入重点机构范围的用人单位引进的紧缺急需、具有本科及以上学历学位和两年以上相应工作经历的核心业务骨干，可予以直接落户。紧缺急需技能人才也将直接引进落户。在国家职业资格和技能等级认定范围内，聚焦新片区重点产业布局，管委会将会同市人社局制定技能人才引进目录。对该目录以外的紧缺技能岗位核心业务骨干，由管委会结合重点产业布局，推荐行业代表性企业的特有目录纳入引进范围。高等级技能人才也将直接引进落户。用人单位引进的获得中华技能大奖、全国技术能手称号、国务院政府特殊津贴、世界技能大赛奖项等的人员，以及获得省部级高技能人才最高表彰资助的人员，不受技能人才引进目录限制，直接引进落户。此外，特殊人才亦可推荐落户。用人单位引进紧缺急需的特殊人才，可向新片区管委会提出申请，经新片区管委会向市相关部门推荐并集体审议通过后，予以直接落户。

人才住房将得到更大力度保障。在加强人才住房保障方面，新片区将定向微调新片区住房限购政策，实行加强人才住房保障共6条具体措施，调整商品住房选房购房制度，实施限价商品房政策，建设“先租后售”公租房，实施人才租房补贴，可申请租赁人才公寓等6方面人才住房政策，对于在新片区工作的人才形成政策的梯度对接，满足人才租房、购房的多样化需求。

按区域发展和产业导向，对符合一定条件的非本市户籍人才，购房资格由居民家庭调整为个人，可购买新片区商品房一套。新片区还将缩短非本市户籍人才在新片区购房缴纳个人所得税或社会保险金的年限，将自购房之日前连续缴纳满5年及以上，调整为连续缴纳满3年及以上。新片区将调整商品住房选房购房制度。符合购房条件、在新片区稳定就业且稳定居住的常住人口，可在新片区优先选房购房。新片区还将实施限价商品房政策，控制限价商品房供应量，加大人才公寓供给力度。公租房方面，新片区将建设“先租后售”公租房，建成后10年内作为公租房使用，其中50%房源可由单位按门栋整体购买作为单位租赁房使用；公租房建成10年后可作为商品住房按套上市转让。租房补贴方面，用人单位引进的在新片区无自有住房，且在新片区租房居住的符合条件的人才，可申请租房补贴。人才公寓方面，用人单位引进的在新片区无自有住房的符合条件的人才，可申请租赁人才公寓；符合条件的高层次人才可申请租赁国际人才公寓。为聚焦激励人才，新片区将提高供应的精准性，对新片区有贡献的企业和人才将享受一定的政策倾斜。

（二）促进海外人才引进

要使外国人才在新片区实现真正地对标国际、转型升级、安居乐业。实施海外高层次人才个税税赋差额补贴、境外人才可参加职业资格考试、境外人才备案后可在新片区执业、鼓励在读外籍留学生兼职创业、鼓励留学人员和海外人才创业、鼓励优秀外籍毕业生直接在新片区工作、实施紧缺急需留学类项目“直通车”制度、提高入外籍留学回国人员工作生活便利、提高高科技领域外国人才以及外国技能型人才和符合产业发展方向的外国人才及创新创业外国人才工作许可便利、实施科研创新领军人才及团队办理工作许可“绿色通道”、推荐纳入“上海科技创新职业清单”、外国人工作许可和外国人才签证加分、建立境外人才工作和创业绿色通道共16个方面的优惠政策。

1. 大力集聚海外青年人才

在国（境）外高水平大学取得本科及以上学历的优秀外籍毕业生，可直接在新片区工作；上海高校在读外籍留学生可在新片区兼职创业；在新片区设立留学人员创业园，对拟在创业园创办企业的外籍留学人员，直接给予工作许可，并视同工作经历；对新片区管理机构推荐的紧缺急需留学类项目，实施“直通车”制度，给予专项资金优先支持；鼓励新片区企业按照有关规定，招收外籍实习生。该举措有助于新片区大力集聚海外青年人才，为海外青年人才提供工作便利，促进新片区人才繁荣、创业创新。

2. 进一步提高入外籍留学人员工作生活便利

在新片区工作的入外籍留学人员可直接办理长期（最长有效期10年）海外人才居住证B证，免办工作许可。《中国（上海）自由贸易试验区临港新片区总体方案》提出，实施自由便利的人员管理。该举措为入外籍留学人员提供便利的工作和生活条件，促进新片区引才留才。

3. 赋予新片区管理机构外籍人才加分权及上海科技创新职业清单推荐权

经新片区管理机构认定的外籍人才，可享受外国人来华工作许可和外国人才签证计点积分鼓励性加分。新片区管理机构可根据重点产业布局，直接推荐新片区内的重点企事业单位进入上海科技创新职业清单。清单内单位聘雇的管理或技术职务的外籍人员，可享受相关便利。给予外国人来华工作许可和外国人才签证加分项、推荐重点单位纳入“上海科技创新职业清单”，这些举措赋予新片区更大的引进外国人才自主权和便利度。

4. 建立境外人才工作和创业绿色通道

在新片区试点实行外国人来华工作许可差异化流程，对新片区管理机构认定的信用企业实行“告知承诺”“容缺受理”等制度。对拥有重大创新技术的外籍高层次人才以技术入股方式在新片区注册企业的，进一步简化办理程序和申请材料。《中国（上海）自由贸易试验区临港新片区管理办法》提出，新片区加大人才引进培养扶持力度，为集聚海内外人才在新片区各展其才、各尽其用提供保障。该举措赋予新片区更大的引进外国人才自主权和便利度，境外人才引进更灵活，境外人才工作和创业获得更多便利。

5. 加大人才培养培育力度

新片区在资助人才培育平台建设，实行大学生实习补贴，实行技能人才培训补贴，引进高端培训项目，产教融合示范企业优先认定，引进和培养教育卫生人才方面给予扶持补贴等共6方面优惠政策，集聚新片区经济社会发展急需的人才，推进产学研合作和人才培养，促进企业自主创新和科技成果的转化。支持高层次人才申报相关人才计划项目。围绕“高、精、尖、缺”人才，支持在新片区引进国际化专业技术职业培训项目，实施高级研修和急需紧缺人才培训项目。支持新片区建设产教融合示范区，对符合条件的企业优先认定全市产教融合示范型企业，推进校企共建产教融合实训基地、科研成果转化平台。对新片区重点领域的高技能人才培养基地，在资助额度上予以倾斜。率先试点技能等级认定、新技能培训评价，建立工程技术领域的高技能人才与工程技术人才发展贯通机制。除抓好人才引进，新片区注重以多种形式实施人才培育。该举措有利于加强新片区人才引育，提升人才素质，挖掘人才潜力，释放人才红利。做好引育工作的同时有助于用才、留才。

（三）优化人才服务环境

1. 拓宽技能人才引进通道

在国家职业资格和技能等级认定范围内，聚焦新片区重点产业布局，制定技能人才引进目录。对该目录以外的紧缺技能岗位核心业务骨干，探索经新片区行业代表性企业自主评定和推荐后，纳入引进范围。对获得中华技能大奖、全国技术能手称号、国务院政府特殊津贴、世界技能大赛奖项等的人员，以及获得省部级高技能人才最高表彰资助的人员，可不受该目录限制，直接引进落户。按照《中国（上海）自由贸易试验区临港新片区总体方案》，要建立以关键核心技术为突破口的前沿产业集群。该举措有利于新片区以多种渠道引进符合产业发展所需的技能人才，释放人才红利，促进重点产业领域、新产业新业态等的发展。技能人才引进目录并非一成不变，对于技能人才引进目录之外的紧缺技能岗位核心业务骨干，探索经新片区行业代表性企业自主评定和推荐后，纳入引进范围。符合条件的人才可不受该目录限制，直接引进落户。这意味着，技能人才引进自主灵活，按实际产业发展需要而定，有利于新片区重点产业布局。

2. 实行更加灵活的用人机制

对紧缺急需、专业性强的公务员职位采用聘任制，实行协议年薪，一职一薪，并进一步探索更大力度的激励措施。对新片区公务员在遴选、交流、学习、培训、表彰等方面予以优先考虑。创新人才激励方式，对新片区内所有事业单位在编在册工作人员，每人每年增加专项补贴，并纳入单位绩效工资总量。对为新片区建设和发展作出重大成绩、突出贡献人员，给予表彰奖励。构建完善的人才制度体系，不仅要引才育才，还要用才留才。该举措在灵活的用人机制上下功夫，探索新片区用人新模式，创新了人才激励模式，激发人才智力发挥。2017年，中共中央办公厅、国务院办公厅印发《聘任制公务员管理规定（试行）》，规定旨在健全用人机制，满足机关吸引和使用优秀人才的需求，提高公务员队伍专业化水平。从这一用人方式来看，实施聘任制公务员，在制度上有利于人才流动，更好服务新片区。

3. 放宽现代服务业从业限制

允许具有境外职业资格的金融、建筑、规划、设计等领域符合条件的专业人才经备案后，在新片区提供服务，其在境外的从业经历可视同国内从业经历。允许在新片区工作的境外人才参加房地产估价师、注册城乡规划师等专业技术人才职业资格考试。这意味着新片区将实施自由便利的人员管理。

4. 加大力度引进高科技人才和技能型人才

《中国（上海）自由贸易试验区临港新片区总体方案》提出，实施自由便利的人员管理。建立外国人在新片区内工作许可制度和人才签证制度。制定和完善海外人才引进政策和管理办法，给予科研创新领军人才及团队等海外高层次人才办理工作许可、永久或长期居留手续“绿色通道”。该举措放宽外籍人才工作许可条件限制，对符合条件的高科技人才、技能型人才一次性给予2年以上的工作许可，为人才流动提供便利，进一步加大力度引进高科技人才和技能型人才，推动新片区重点产业布局。

新片区管委会同时发布了《关于促进临港新片区高质量发展实施国内人才引进特殊支持政策的通知》《关于公布中国（上海）自由贸易试验区临港新片区首批技能人才引进目录的通知》以及《关于中国（上海）自由贸易试验区临港新片区聘任

制公务员工作的实施意见》等政策，公布了国内人才引进具体优惠措施，发布了技能人才直接引进落户的首批23类49项名录，并将在新片区开展聘任制公务员工作等。下一步，临港新片区将进一步聚焦人才政策实施，确保政策落地见效；开展全方位人才政策宣传，确保让企业和人才了解政策、享受政策；同时，新片区将依托现有的国内外人才政策和创新环境专项扶持政策，根据未来发展需要，结合实际需求，构建更加开放、更加灵活、更具竞争力的人才体制机制和更加精准、更加有效、更受欢迎的创新创业扶持政策体系。

二、上海自贸试验区人才制度创新亮点

2014年，上海自贸试验区管委会牵头搭建的“人才大厦”对外开放试运行。“上海自贸试验区人才大厦”位于菲拉路55号，是集成人才公共服务和人力资源市场服务的综合平台。主要有四大功能：一是政府办事功能。大厦一楼设有700平方米的国际人才服务中心大厅和12个办事窗口，为区内企业提供28项人才公共服务。二是机构集聚功能。在二楼以上设有4000多平方米办公空间，可供人力资源中介机构、职业培训机构等入驻，为区内企业提供各类市场服务。三是人才招聘功能。大厦副楼设有800多平方米的人才招聘大厅，该区域将定期举办人才现场招聘会。四是人才培训功能。大厦内设有近1000平方米的培训空间，可以为区内企业培养人才提供全方位的支撑。除人才大厦这一人力资源实体服务平台，试验区管委会下一步还将建设人力资源网上服务平台和信息数据平台，加快建立和完善适应试验区发展需求的人力资源服务体系。

2015年自贸试验区高端人才服务公寓推出。“森兰壹公馆项目—外高桥逸兰公寓”是上海外高桥集团和香港永泰地产携手，共同为上海自贸试验区建设配套高端人才服务式公寓。外高桥集团下属新市镇公司委托香港永泰地产（中国）有限公司下属逸兰酒店及公寓管理有限公司，运营管理“森兰壹公馆”项目三幢、共196套服务式公寓。“森兰壹公馆”项目紧邻轨交6号线洲海路站和外高桥文化艺术中心，与森兰核心商务区仅一路之隔，占地面积近2万平方米，总建筑面积5.6

万平方米，规划了6幢风格鲜明的住宅及沿街商业，为上海自贸试验区提供高端居住和生活配套。

2016年1月6日，全国首个航运人才“双认证”项目落户上海自贸试验区。国家交通运输部职业资格中心、英国皇家特许船舶经纪学会、新区航运服务办共同签署三方合作协议，围绕四方面开展广泛深入合作：一是开展航运人才培养工作，二是开展航运职业研究，三是开发航运精品教程，四是建立航运人才国际交流合作机制。

2016年8月26日，上海自贸试验区海外人才离岸创新创业基地总部空间启用仪式在浦东国际人才城举行，自贸试验区海外人才离岸创新基地启用，这是国内第一个在自贸试验区试点设立的离岸创新创业基地，将打造成为具有引才引智、创业孵化、专业服务保障等功能的国际化综合性创业平台。海外人才离岸创新创业基地面向海外人才，采取区内注册、海内外经营的方式，是服务海外人才、促进创新创业的重要载体。通过离岸基地这一大型对接交流活动，将吸引一批高端海外项目落户自贸试验区。离岸基地还将进一步深化与海内外团体和机构的合作，探索建立与世界接轨的柔性引才新机制，创设快速集聚海外人才的新模式，形成海外高端创新创业人才在上海自贸试验区的群聚效应，助力上海科技创新中心建设。

2017年，中国（上海）自由贸易试验区海外人才离岸创新创业基地首个海外服务站点——贝尔谢巴海外服务站成立。这意味着离岸基地跨出国门，迈向海外。依托贝尔谢巴海外服务站，离岸基地将拓宽海外推广渠道、加强信息沟通交流、促进国际合作，加速中国和以色列在海外创新创业资源和高层次人才引进等多方面开展多层次、全方位的合作。依托中以创新中心在贝尔谢巴的离岸孵化空间，离岸基地将打造以色列海外服务窗口，拓宽海外推广渠道、加强信息沟通交流、促进国际合作，加速中国和以色列在海外创新创业资源和高层次人才引进等多方面开展多层次、全方位的合作。离岸基地是面向海外人才的国际化综合性创业平台，旨在通过区内注册，海内外经营的离岸孵化模式实现引才引智，实现创新资源的跨国集聚，促进上海科创中心建设。经过近一年的发展，离岸基地成绩斐然，服务网络不断丰富、运营机制不断完善、社会影响力不断提升。离岸基地能够为海外优质项目提供海内外预孵化、免费办公空间、创业导师辅导、行业资源对接、投融资咨询等完备的创业孵化服务，在海外人才签证、子女就学、住房就医等方面提供支持，打造保姆式服务体系。

第二节　重庆自贸试验区

一、重庆自贸试验区的人才制度创新

国务院在2017年3月15日正式批复了重庆设立自贸试验区的方案，3月31日正式对外公布中国（重庆）自由贸易试验区总体方案，4月1日中国重庆自由贸易试验区正式挂牌成立。重庆自贸试验区的实施范围将近120平方公里，其定位为服务于“一带一路”和长江经济带建设的国际物流枢纽、口岸高地和内陆开放高地。自贸试验区成立后经济连年保持两位数增长，当地对人才的需求较大。商业环境成熟，生活环境宜居，配合各项引进人才的政策出台，重庆将吸引越来越多的国际人才。

（一）推动人才队伍建设

1. 顶层设计，制定人力资源开发方案

重庆市的科研教育机构较多，区内拥有多个重点大学，如重庆大学、西南大学、西南政法大学。重庆自贸试验区建立完成后，这些大学积极对重庆自贸试验区内政府机关、事业单位、科研单位、企业单位展开调研了解其人才需求，制定了一系列关于自贸试验区人才建设的研究方案，如重庆大学《中国（重庆）自贸试验区人力资源发展研究》（以下简称《研究方案》）。《研究方案》紧密联系当前重庆自贸试验区内部企事业单位的人才需求，对重庆自贸试验区人力资源建设做了整体规划，从而提出有针对性的对策，吸引特定方面人才参与到重庆自贸试验区建设。

2. 实施优秀人才“引进来”战略

人才建设是实现自贸试验区快速建设的重要抓手，人才建设需要积极地引进外地优秀人才。因此重庆自贸试验区制定了人才引进方案：向自贸试验区内符合条件的科研院所、新型研发机构、大型企业和其他人才智力密集的企事业单位下放职称评审权；畅通特殊人才、海外留学回国人才、博士后研究人员职称直接认定通道；向自贸试验区内企业、行业协会合理下放职业能力鉴定权限；对自贸试验区急需紧缺的高技能人才放宽职业资格准入条件；对自贸试验区内留有余编和空岗的事业单位，其引进的高层次人才和急需紧缺人才，按“随到随办”原则完善人事关系及入编手续；对引进到自贸试验区工作的高层次人才，经各片区所在行政区或开放平台推荐，并报市级税务部门审核同意，其5年内境内工资收入中的人才资助、住房补贴、伙食补贴、搬迁费、探亲费、子女教育费等，按照国家税收法律法规的有关规定，予以税前扣除。重庆自贸试验区政府积极与中央国家机关单位、商务部、上海自贸试验区、广东自贸试验区等进行协商，吸引这些单位机关优秀自贸试验区管理工作人员到重庆自贸试验区进行挂职锻炼，担任一定的职务，从而推动重庆自贸试验区政府管理水平提升。

（二）吸引国外人才参与自贸试验区建设

经市自贸办推荐，符合《重庆市外籍高层次人才认定标准》，在自贸试验区工作的外籍高层次人才及其配偶、未成年子女，可予以办理2—5年的居留许可；在自贸试验区工作，符合《重庆市外籍高层次人才认定标准》的外籍高层次人才及其配偶、未成年子女，可直接申请办理在华永久居留；在自贸试验区工作的具有博士研究生学历的外籍华人，或连续工作满4年、每年实际居住累计不少于6个月的外籍华人，可直接申请办理在华永久居留；在自贸试验区工作的外国人，经市自贸办推荐，可按规定首次签发有效期2年以内的工作类居留许可。进一步简化自贸试验区内已备案的邀请接待外国人单位为外国人办理工作类居留许可的申请手续，缩短自贸试验区内外籍高层次人才申办居留许可的审批时限。重庆自贸试验区范围内工作的，对符合认定标准的外籍高层次人才及其配偶、未成年子女，经重庆自贸办推荐，可直接申请在华永久居留。

（三）实施联合培养战略

重庆自贸试验区内的科研机构积极与国内著名大学如清华大学、北京大学、中国人民大学、签订人才培养协议，吸引国际商务谈判、国际物流、自贸试验区建设、国际经济与贸易相关方面的专家来重庆自贸试验区进行挂职和开展研究教学，同时给予专家学者大量经费在重庆市建立工作室、实验室，以吸引更多自贸试验区建设的高端人才。重庆自贸试验区还积极推动本地政府机关、科研高校有关自贸试验区建设方面的人才“走出去”，积极推动重庆自贸试验区政府官员去外省自贸试验区进行调研学习，学习当地先进管理实施经验。推动重庆市内科研高校专家学者到国内外知名大学、研究机构进行学术访问。

（四）加强人才服务保障

建立以用人主体认可、业内认同和业绩薪酬为导向的综合人才评价认定机制，按照国家有关规定制定高层次人才认定标准，推动国内外职业资格互认；优化完善人才的引进激励机制和创新创业激励机制，在人才引进培养、科技成果转化、股权激励、创业孵化、创投融资、产业扶持等方面先行先试，为各类人才提供创业与发展平台；为符合条件的人才提供住房、子女教育、健康医疗、学习培训、出入境和居留等支持和便利，创新建设国际社区。

二、重庆自贸试验区人才制度创新亮点

“鸿雁计划”是重庆市启动实施的一项引才计划，其适用范围主要聚焦在重庆市现有企业引进或者来渝创办科技型企业（包括法人化研发机构）的直接从事基础研究、应用研究和试验发展的研发类科技人才。2017年，对于入选“鸿雁计划”的海内外来渝工作创业英才，最高可获奖励200万元。该计划主要针对ABC三类人才。A类人才主要指在全球产业技术研究领域享有较高声誉，能对重庆市企业创新发展产生重大影响或带来显著经济社会效益，在渝工作期间年薪在200万人民币以上，企业研发人员中年薪排前1%的研发类人才；B类人才主要指在全球产业技术

研究领域具有一定影响力，工作期间主持过研发项目并成功实现商业化，能够在重庆市领衔企业核心攻关项目或解决核心技术难题，或在同行业优秀企业高级管理、研发工作岗位上取得显著业绩，在渝工作期间年薪在100万～200万人民币，企业研发人员中年薪排前5%的研发类人才；C类人才主要指掌握某行业、某领域特殊专长，对重庆市企业创新发展具有较大促进作用，在渝工作期间年薪在50万～100万人民币，企业研发人员中年薪排前10%的研发类人才。对人才个人的奖励，参照其实际缴纳个人所得税额度的一定倍数确定。A、B、C三类人才的奖励倍数分别为2倍、1.5倍、1.2倍，奖励标准最高分别不超过200万、100万、30万。奖励资金分三年发放，第一年发放40%，第二年发放35%，第三年发放25%。对用人单位的奖励，按引进人才的数量、质量综合评定，即每引进1名人才，按照人才年薪的5%给予用人单位补助。重庆自贸试验区引才目标将重点围绕先进制造业、互联网产业、“大健康”产业及农业、旅游业等。区人力社保局将积极与相关部门衔接，建立与企业供需信息沟通常态化机制，全面了解企业的人才需求情况及更新情况，有针对性地提供相应服务，增强企业对海内外人才需求的针对性与实效性。同时将积极搭建平台，通过“走出去”与“请进来”等方式，为海内外人才引进工作顺利开展创造条件。

2018年，重庆工商大学融智学院和科大讯飞以及甲骨文（中国）的校企合作签约暨融智讯飞人工智能学院、甲骨文大数据学院的揭牌仪式在融智学院举行。“讯飞人工智能卓越人才班”是重庆工商大学融智学院空间信息与数字技术专业打造的人工智能方向的校企共建人才培养项目，“甲骨文大数据卓越人才班”是学校信息管理与信息系统专业打造的面向大数据方向的校企共建人才培养项目。校企双方将在应用型人才培养、科学研究、产学研师资团队建设、专业建设以及大数据研究中心、人工智能专业实验室、人才鉴定中心等教学、科研、人才鉴定平台建设方面形成合力，多角度、多层次开展校企合作，深化产教融合。

为了更好地促进人才成长，重庆市江津区始终把“人才培养”放在人才资源开发的核心环节，不断丰富和拓展人才培育的形式，吸引北京航空航天大学、中国艺术研究院等院校在江津建立人才实践基地。通过举办各类行业大赛、分层次分领域开展专题培训、举办科技前沿论坛、邀请专家学者开办讲座等形式，不断提升人才的理论水平、实践能力和综合素质，仅2019年，江津区就组织当地高层次人才、企业经营管理人才、教师等各行业人才赴北京大学、浙江大学等高校开展专题培训，培训人数达1万余人次。江津区在高层次人才优惠政策中明确，引进顶尖人才，最高可享受1000万元的安家补助，引进急需紧缺博士最高可享受200万元的安家补助、5000元/月的人才激励金、最高30万元的购房补贴；在青年人才优惠政策中，符合相关条件的青年人才可享受最高5万元的购房补贴、2万元的安家补助、200元/月的人才激励金，落户江津的，还将获得1000元落户补助。在大众创业、万众创新的时代背景下，江津全方位地支持人才创新创业，激发人才创新创业热情，助力其提升创新创业的成功率。《江津高层次人才引进实施办法（试行）》中提出，要为高层次人才创新创业提供条件，在贷款支持、创投支持、贷款担保扶持、企业租房支持等方面加大力度；《江津科技创新促进高质量发展10条激励政策》中明确，建立市级院士专家工作站，一次性给予50万元的补助，对获得欧美、国内发明专利授权的组织给予最高每件3万元的补助……江津“离岸型高可靠性5MW海上风电增速齿轮箱研发团队”入选重庆英才计划第一批创新创业示范团队，在市级创新创业经费补助的基础上，该区也将给予30万元的资金支持，助力该创新创业团队不断壮大。为提升人才服务质量，江津区出台《人才服务质效提升十条》，从完善人才服务体系、强化发展平台建设等10个方面重点发力，建立由区级人才“一站式”服务平台、镇（街道、园区）人才服务站、企业人才服务点的三级人才“一站式”服务平台，启动人才服务信息化平台建设，建立了由35名青年人才组成的人才服务队伍，集中受理区级高层次人才服务事项580余件。同时，逐步拓展人才服务事项，向高层次人才、青年人才提供“拎包入住”的人才公寓，协调解决市级、区级高层次人才在配偶就业、子女入托入学等方面的问题，每年为高层次人才提供免费健康体检。2020年9月，在充分尊重专家人才意愿前提下，分批次组织138名专家人才赴浙江、安徽、新疆等地开展专家疗养，为专家人才搭建了静心疗养、跨界交流的平台。

2020年10月27日，重庆市教委和四川省教育厅在四川大学共同签署《成渝地区双城经济圈就业创业协同发展协议》，同时成立成渝地区双城经济圈高校就业创业联盟。在双城经济圈教育协同发展总体框架下，两地高校将建立就业创业工作联席会议机制，定期沟通、协商就业创业协同发展长远规划、重要政策、关键改革、重大项目，形成工作合力。通过共同研判就业创业形势，及时调整就业创业政策，激发就业创业活力。定期举办专题研讨、高峰论坛、专题培训等活动，鼓励两地教师互派，促成两地高校深度互动交流，持续拓展就业创业路径。双方将搭建“四大平台”，实现全面融通，做实协同发展。搭建协同发展平台，成立成渝地区双城经济圈高校就业创业联盟，推动交流合作；搭建资源共享平台，组建成渝地区高校就业创业指导“双百”导师团，共建专家库，共享师资资源，通过就业服务云平台，共享成渝地区就业信息资源库；搭建就业服务平台，加强就业招聘合作，联合开展求职招聘、就业创业大赛、就业创业培训等活动，多方位提升学生就业创业能力。搭建校企合作平台，协同推进成渝地区高校与域内外企业、行业、园区等深度合作，加强与科研机构、专业协会交流合作，推动两地高校创新创业成果即时对接转化。

2020年，重庆英才大会召开，西部（重庆）科学城面向全球发布引才公告，引才超2万名，年薪最高80万。西部（重庆）科学城拥有国家自主创新示范区、自贸试验区、国家级高新区、西永综保区等多块“金字招牌”，汇集了重庆大学等高校28所、市级以上研发平台169个、西永微电园等产业园区14个。科学城将聚焦集成电路、人工智能、大数据、5G应用等新一代信息技术，轻量化材料、增材制造、智能机器人等先进制造，抗体疫苗、生物治疗、体外诊断、医疗设备等大健康产业，研发孵化、检验检测、数字文创、智慧物流等高技术服务四大主导产业，推动产业链与创新链、人才链、金融链、政策链深度融合，到2025年，四大主导产业规模将超5000亿元，打造世界级产业集群雏形。在未来三年，该科学城将围绕主导产业，分批实施全球引才，快速聚集人才2万名以上。根据中国电子项目（CEC）、光大人工智能产业基地项目、平安大健康、北大大数据研究院、百度阿波罗研究院等重大项目和重点企业对人才的需求，着眼新一代信息技术、大健康等主导产业，针对人工智能、微电子、生物医药等研究方向，招募博士后500名以上、博士3000名以上、硕士15000名以上。西部（重庆）科学城全球引才今年将先期发布45个重大项目重点企业的668个人才岗位需求，包括博士后75名、博士82名、硕士511名，涉及生物医学工程、计算机科学与技术、电子信息等热门专业，更有大量岗位不限专业。同时，此次人才招揽不限年龄、性别、工作经验，唯才是举，待遇优厚，年薪最高可达80万元。对引进的人才，除享受重庆市统一的人才政策外，在科技创新方面，该科学城还制定了涵盖人才支撑、创新支撑和金融支撑为一体的扶持政策，让人才工作顺心，生活舒心。在人才支撑方面，设立博士后创新创业园、博士后工作站，博士后在站2年每人不低于48万年薪，并实施博士、博士后创新青年人才计划、国际学术交流计划及博士后国际培养计划。创新支撑方面，给予最高100万元项目经费支持，每年最高100万元税收奖励，国内发明专利授权每件一次性奖励1.5万元，国外发明专利授权每件一次性奖励5万元等。金融支撑方面，给予种子基金股权投资，投资金额最高80万元，知识价值信用贷款，给予最高500万元的信用贷款授信额度。

第三节　辽宁自贸试验区大连片区

一、辽宁自贸试验区的人才制度创新

（一）鼓励多渠道引进高层次人才

1. 鼓励新区用人单位引进高层次人才

大连金普新区建立以能力绩效为导向、以适应用人单位需求为目标的科学规范的人才评价体系。分类研究制定自贸试验区急需引进的港航物流、金融商贸、先进装备制造、高新技术、循环经济、航运服务等方面高层次人才的评价认定标准。在鼓励引进包括国内外顶尖人才、国家级领军人才、地方级领军人才等传统类别的高层次人才之外，增加高层次海外归国留学人才、博士后人才、地方重点产业领域骨干人才三类人才为高层次人才范畴。引进以上人才按照人才层次给予最高600万元安家费补贴。对于获得大连市重点领域创新团队支持计划的创新团队给予300万元的一次性奖励补贴。对于获得大连市高层次人才创新支持计划支持的顶尖及领军人才和获得大连市科技人才创业支持计划的高层次科技人才给予200万元的一次性奖励补贴。对成建制迁入的国家级、省部级重要研发设计机构、知名企业总部及市场营销中心等人才密集型单位，或者引进特别优秀的高层次人才及团队，可采取“一事一议、一人一策、特事特办”的方式统筹安排相关资助和服务保障事宜。

2. 鼓励新区人力资源服务机构发展高级人才寻访业务，招募海内外高层次人才来新区创新创业

对成功推荐全职引进符合规定条件的高层次人才，并促使其与用人单位签订不少于3年协议的人才中介服务机构，按人才层级和引进数量给予最高30万元/人的资金奖励，单个机构每年奖励最高不超过100万元。

（二）充分利用海外高端人才引智平台，发挥其引才作用

1. 鼓励新区用人单位开展柔性引才工作

柔性引才按照“不求所有，但求所用”的总体思路和“市场调节、政府引导、契约管理、绩效激励”的运作方式，以用人单位为主体具体负责组织实施。通过院士专家工作站等平台载体加强柔性引才，经认定的新建院士专家工作站给予50万元的建设资助，并视其工作开展情况给予一定的经费资助。为新区经济社会发展和科技进步做出突出贡献的专家人才由新区管委会授予金普新区特聘专家突出贡献奖，给予10万元现金奖励。探索人才柔性双向流动。支持企业创新创业人才到高校、科研院所兼职。允许高校、科研院所设立一定比例的流动岗位，吸引有创新实践经验的企业家和企业科研人才兼职。鼓励用人单位给予柔性引进的人才股权激励，个税方面符合相关条件的适用递延纳税政策。大力推进引智和博士后工作。

2. 鼓励新区用人单位引进国外智力，建立区级引智成果奖励机制

支持新区企事业单位积极申报国家、省市引智项目，对获得国家、辽宁省、大连市相关引智项目的用人单位，分别给予一次性20万元、10万元和5万元的奖励。对获批国家、省市引智成果示范推广基地及示范单位的用人单位，分别给予一次性50万元、30万元、20万元的奖励。设立区级引智成果示范推广基地及示范单位和海外引智工作站，每个基地和工作站给予一次性奖励10万元。支持新区外国专家申报国家、省市外国专家“友谊奖”，设立“金普新区友谊奖”，按照获奖级别，分别给予外国专家10万元、5万元、3万元、2万元的奖励。

3. 积极推进博士后科研工作站建设

鼓励新区企事业单位积极申报国家博士后科研工作站和辽宁省博士后创新实践基地，对获批单位给予建站资助、科研项目资助和博士后生活补贴。其中对获批国家博士后科研工作站和辽宁省博士后创新实践基地分别给予建站资助50万元和20万元，科研项目资助和博士后生活补贴各10万元。在博士后设站单位中选拔科研成果在本地区产业化效果显著的评选为博士后成果转化示范基地，每个基地给予一次性奖励20万元。鼓励博士后申报中国博士后科学基金项目，对获批项目给予1:1资金配套资助；鼓励有条件的企业博士后科研工作站申请独立招收博士后科研人员；鼓励外资企业申报博士后科研工作站；鼓励博士后科研工作站积极招收外籍博士后。

（三）探索招才引智和招商引资相融合

支持新区重点产业领域新扩建企业人才队伍建设。针对新区重点支持的优势主导产业、新兴战略产业和现代服务业，根据其投资规模和投产后对地方财政的贡献程度，设立人才队伍专项资助。包括符合条件的新建、扩建企业的“高级管理人员奖”和“人才资源开发综合补贴”。“高级管理人员奖”按照其上一年度高级管理人员应纳税所得额的10%予以奖励，每人每年最高不超过300万元。“人才资源开发综合补贴”根据企业年度实际人才开发费用予以核销资助，每个企业最高补贴200万元。

（四）鼓励支持高层次人才创新创业

支持高层次人才兴办企业承担国家科技计划（专项）项目，予以最高1:1配套补贴，补贴总额不超过200万元。设立重大科技创新专项，对高层次人才承担本区重大关键共性技术产业化转化项目所办的新兴产业企业，给予项目研发投入50%，最高500万元项目支持。支持、鼓励高层次人才以专利、商标、版权等知识产权投资兴办企业或者参股入股进行投资。引进高层次人才到自贸试验区创办科技型企业，按规定申请的科研项目优先立项，其在区内建设公共平台可采取政府和社会资本合作（PPP）的方式予以支持。探索设立高层次人才创业投资基金，发挥财政“种子”基金的作用，引导各类资本投向高层次人才创办的科技型、创业型、成长型企业。

鼓励领军企业、投资机构、行业组织等社会力量投资建设或管理运营各类创新创业中心，鼓励各街道、园区结合自身产业定位和规划布局，建设多种形式的创新创业孵化平台，重点支持众创空间的建设和运营。对经确认的孵化平台给予建设补贴最高500万元，给予众创空间等新型孵化器最高不超过100万元的一次性运营补贴。对符合条件入驻孵化平台的各类专业服务机构每年提供不超过30万元的服务补贴。探索推进自贸试验区海外人才离岸创新创业基地建设，建立多层次离岸创业服务支持系统，为海外人才打造具有引才引智、创业孵化、专业服务保障等功能的国际化综合性创业平台。

鼓励支持企业的技术和管理人员、高校和研究机构的科研人员、归国留学人员及大学生等在新区创新创业。对经科技部门主办或认可的各类创新创业大赛获奖并落户新区的创业项目给予最高20万元创业奖励。由新区各类孵化平台孵化的项目如一次性获得200万元（含）以上投融资，对孵化平台给予每个项目不超过5万元的创业辅导奖励。由新区孵化平台推荐，在孵项目一次性获得500万元（含）以上投融资，对孵化平台给予每个项目不超过10万元的创业辅导奖励。

（五）加强人才自主培养和培训交流

1. 实施领军人才培养工程

在高新技术、支柱产业、重大工程和重要学科领域内，进一步向企业一线和青年科技人才倾斜，加快培育一批具有全球影响力的科学家、企业家、科技领军人才和高水平创新团队。在新区入选并经认定为国内外顶尖人才、国家级领军人才、地方级领军人才的，分别给予所在单位300万元、200万元和100万元的奖励。对于获得大连市高层次人才创新支持计划支持的中青年创新人才给予最高10万元的奖励补贴。对于正常运营的市级以上企业科技创新平台的核心成员按照其个人应纳税所得额的10%给予专项薪酬补贴。在新区范围内的专业技术人才队伍中开展领军人才选拔培养，给予领军人才中拔尖人才10万元，后备人才5万元的培养经费。

2. 实施高层次人才和紧缺人才培训交流工程

吸引国内外知名高校来新区开展合作办学，鼓励外资培训机构与区内高校、企业共建人才培养基地。鼓励跨国公司在新区建立地区总部或研发中心，吸引各类国际组织、学术论坛落户新区。鼓励支持高层次人才和紧缺人才主持或参加国内外学术技术交流和培训考察活动，不断开阔视野、增长才干，带领更多的人才创新团队承担更加富于挑战的任务，引领和支撑金普新区的改革开放和经济社会发展。给予列入新区高层次人才和紧缺人才境内外培训项目、国际学术技术交流考察活动项目每个项目最高20万元的培训资助。

（六）加强高技能人才队伍建设

实施高技能人才培养资助计划，加快建立具有新区特色的高技能人才培养体系。根据国家职业资格制度改革的要求，探索技能人才多元化评价方式，推动以企业为主体的技能人才自主评价，培育一批自主评价示范企业。由企业引进的《大连市重点产业紧缺人才开发目录》内的高技能人才，符合规定条件的，按高级工每人5000元、技师每人1万元、高级技师每人2万元的标准对企业予以补助。职工参加《大连市重点产业紧缺人才需求开发目录》内项目晋级培训后取得高级工及以上职业资格证书，企业在享受大连市的培训费和鉴定费补贴之外，按取得职业资格证书人数和规定标准的50%给予培训补贴和鉴定补贴。对新区及市以上技能大师工作室给予不低于5万元的一次性建设补贴。每年从新区规模以上企业选派符合条件的一线优秀高技能人才到国内知名高校、企业、科研院所、培训机构进修深造，给予每人最高3万元的培训补贴。

（七）完善人才服务保障体系

1. 建立“一站式”服务体系

设立人才服务窗口，采取集中受理需求事项、统一对接职能部门、跟踪落实办理结果的服务模式，构建“一体化服务、一站式受理”的服务体系。建立外籍人才工作许可和出入境签证“一口受理，联合办理”机制，为外国人来新区工作提供更大便利。在新区人才工作领导小组的统一领导下，各部门各司其职，在人才安居服务、子女就学、医疗保健、配偶就业、人事代理、居留落户、工商登记、税收办理等方面提供全方位服务。

2. 实施人才安居工程，采取货币补贴为主、实物配租为辅的方式有效解决引进人才安居问题

鼓励企业多种形式建设人才公寓。给予新引进的产业发展急需紧缺人才及新就业或自主创业的高校毕业生最高10万元的购房补贴。按认定级别给予产业发展急需紧缺人才租房补贴最高标准为100平方米的市场租金的70%。新就业或自主创业高校毕业生住房面积补贴标准为60平方米，按照博士、硕士、本科及以下三个层次分别按照市场租金的70%、50%和30%给予租房补贴，连续补贴五年。符合相关条件的可以在新区范围内申请公租房。

3. 妥善解决高层次人才子女就学问题

高层次人才子女申请就读区范围内义务教育阶段公办学校的，由教育行政部门按照“免试就近入学”的原则，视当年引进人才数量和学区内学额情况统筹协调，分层次解决高层次人才子女义务教育阶段就学问题。同时，按照子女在高中阶段的入学需求，开设绿色通道。引进人才子女经相关部门出具证明符合转学条件的，可根据学生意愿转入区普通高中就读。符合借读条件的学生，本着同级同类借读的原则，根据学生意愿安排学生就近入学就读。探索在公立学校开设国际班，试点海外人才子女弹性教学制。

4. 针对高层次人才提供医疗保健服务

主要包括发放特诊医疗证、开辟就医就诊绿色通道、享受免费体检等。为高层次人才就医诊疗提供优先预约诊疗、知名专家会诊等服务，同时根据高层次人才的医疗服务要求，协调医疗机构和有关专家提供所需服务。支持区内医疗机构与国内外知名机构开展项目合作，探索建立涉外医疗保险结算网络。

5. 积极落实各项税收优惠政策，升级服务便利化措施

落实现有的国家支持企业技术创新的研发费用和职工教育经费加计扣除、高新技术、固定资产加速折旧、软件企业、集成电路企业、创投企业、小微企业、车辆购置税等税收优惠政策。为回国服务的在外留学人员和长期来华定居专家开设绿色通道，持相关证件办理车辆购置税减免税时，资料齐全的，可以当场办理车辆购置税免税手续。

6. 在海外高层次人才出入境方面提供便利化服务

在新区行政服务大厅增设口岸签证受理窗口，对应邀来大连从事紧急商务、工程抢修等事务的外国人提供紧急入境便利，做到随到随办。建立同“北、上、广”三地的异地口岸签证协作机制，区内企业邀请的境外人才，均可申请从北京、上海、广州等口岸办理入境签证。对获得“星海友谊奖”等九类外籍人士缩短居留证件办理时限，延长纳税百强企业高级管理人员等七类高层次人才的居留许可有效期限，签发有效期5年以内的长期许可。

（八）建立优秀人才表彰奖励制度

建立优秀人才表彰奖励制度，探索实施委托社会机构开展新区优秀人才遴选工作。主要包括：金普新区突出贡献专家、享受政府特殊津贴优秀专家和优秀青年人才，金普新区特聘专家突出贡献奖，金普新区友谊奖，金普新区顶尖创新团队和优秀创新团队、有突出贡献高技能人才和技术能手等。金普新区优秀人才由党工委、管委会进行命名表彰，最高一次性奖励20万元。

二、辽宁自贸试验区人才制度创新亮点

2017年，辽宁省人社厅下发了《关于做好调整外国人来华工作许可审批权限有关工作的通知》，针对发展急需的外国高端人才申请“外国人来华工作许可”，审批机关缩短审批时限，在5个工作日内进行审查并作出决定。辽宁省自2017年4月1日起实施了“外国人来华工作许可”制度，将“外国专家来华工作许可”“外国人入境就业许可”整合为“外国人来华工作许可”。自9月1日起，“外国人来华工作许可”审批权限下放给各市人社局，并进一步完善“容缺受

理”机制。省内急需的外国高端人才申请“外国人来华工作许可”，可直接登录“外国人来华工作服务系统”提交相关材料，无须提交纸质材料，实行前台综合受理、后台分类审批、统一窗口出件模式。同时，建立配套的电子档案，包括办理外国人来华工作许可数量和外国人才类别、国籍、分布行业等，电子档案永久保存。

第四节　天津自贸试验区

一、天津自贸试验区的人才制度创新

（一）加大人才引进力度

1. 打好人才引育“组合拳”

深入实施“海河英才”行动计划，优化落户流程，精简申报要件，推行网上办理。编制重点产业引才图谱，征集发布高端紧缺人才岗位需求，服务企业精准引才。每年遴选支持300个市级重点“项目+团队”，为其提供专属服务。推广“企业提名单、政府接单办”的引才模式。

2. 促进人才流动和灵活就业

2021年6月底前实现在线核验职称证书。落实京津冀三地职称证书互认协议，对京冀两地颁发的职称证书予以认可。引导有需求的企业开展“共享用工”，通过用工余缺调剂提高人力资源配置效率。统一失业保险转移办理流程，简化失业保险申领程序。落实属地管理责任，科学划定临时占用公共空间区域和经营时间。在保障安全卫生、不损害公共利益的前提下，鼓励开办便民市场，合理设定流动摊贩经营场所。

3. 开辟引才引智“绿色通道”

天津市发挥人才主体作用，给人才松绑，给用人单位充分的用人自主权。早在2015年，天津市就出台了《天津市引进人才“绿卡”管理暂行办法》，建立人才“绿卡”制度，将政府人才审批和服务事项从51个整合成15个，实现了引进人才“一点采集、多点共享、全程管理、快速办理”，办理时限由最长二三个月减少到90%

以上服务事项只要要件齐全即可即时办理、立等可取。除了“绿卡”制度，还建立了与国际接轨的人才引进机制，制定实施引研引智引才25项措施，对引进人才给予最高达1200万元的工作生活补贴，对符合条件的高层次人才“团队+项目”给予最高达1亿元的经费资助。

4. 落实普通高校录取学生户口落户政策

2017年3月，天津市发布《天津市人民政府办公厅关于印发天津市推动非户籍人口在城市落户工作方案的通知》，全面落实普通高校录取学生户口来去自由的落户政策。《通知》提到，“加大人才引进力度。落实人才聚集战略，健全人才评定标准，优化人才引进制度。加大对企业急需的技能型人才的引进力度，不断提高普通高校毕业生、职业院校毕业生和技术工人的城镇落户率。”除了户籍政策支持外，2017年1月，滨海新区制定出台了《关于进一步集聚人才创新发展的若干措施》（以下简称《措施》）。《措施》确定，对企业新引进落户滨海新区的全日制大学本科以上学历的人员和归国留学人员，连续3年发放租房和生活补贴。其中，大学本科生每人每年1.2万元；硕士研究生每人每年2.4万元；博士研究生每人每年3.6万元。

5. 实施双创人才“就业即落户”政策

除了适用于天津市“海河英才”和滨海新区“鲲鹏计划”等政策，天津自贸试验区同时实施双创人才“就业即落户”政策。融资租赁促进局协调人社局成立专班，开辟绿色通道，帮助企业员工尽快落户。天津为辖区内租赁企业提供“专家+管家”式服务，企业从注册落地到后续开展业务，所有涉及到的相关事宜均有专门团队跟进解决。

6. 构建“产业+人才”融合发展生态

为构建“产业+人才”的融合发展生态，东疆片区成立中国（东疆）租赁人才产业联盟，吸引了来自金融租赁公司、融资租赁公司、高校及第三方机构等101家首批成员单位，将租赁人才的区级评审认定权限下放到联盟。2019年底，经天津市委、市政府批准，天津自贸试验区管委会在全国自贸试验区管委会中率先开展法定机构改革，设立专司制度创新的法定机构即创新发展局。该局围绕重大战略、重要政策发展前沿，深入企业、贴近产业开展调查研究，提出创新探索建议和改革方案；推动自贸试验区开展功能开发和新兴产业培育等市场化服务，以此激发出人员的内生动力和创新活力，锻造出一支具备较强自贸试验区改革、投资贸易、金融创新、产业促进等实际操作经验的“轻骑兵”。

（二）促进海外人才引进

为深入落实《天津市人民政府印发关于支持中国（天津）自由贸易试验区创新发展措施的通知》（津政发〔2019〕27号）精神，通过实施更加积极主动的开放举措，打造市场化、法治化、国际化的营商环境，进一步支持外籍人才在自贸试验区创新创业，现提出以下工作措施：

1. 支持放宽年龄条件

身体健康、无违法违规记录，在自贸试验区投资创办企业并担任法人或总经理职务的外籍人才，或符合外国高端人才（A类）标准，受聘在自贸试验区企事业单位工作的外籍人才，办理外国人来华工作许可不受年龄限制。符合外国专业人才（B类）标准，受聘在自贸试验区企事业单位担任中高级管理或专业技术职务的外籍人才，年龄可放宽至65周岁。

2. 支持学生创新创业

在国内重点高等院校获得本科以上学历的外国优秀留学生，或在国际知名高校毕业不超过2年的外国学生，受聘在自贸试验区企事业单位工作，或在自贸试验区从事创新创业活动的，可办理工作许可，来不及出境办理工作签证的外国人可凭工作许可等材料向公安机关出入境管理部门申办工作类居留许可。自贸试验区内经公安出入境管理部门备案的企事业单位，可以邀请境外高校外国学生来津实习。

3. 支持兼职创新创业

已获得外国人来华工作许可和工作类居留许可，在自贸试验区内高校、科研院所或知名企业工作的外籍人才，经聘用单位和兼职单位同意，自贸试验区管委会、公安出入境管理部门备案，可以兼职创新创业。

4. 支持用好人才政策

支持引进的高层次外籍人才，用好用足“海河英才行动计划”等重点人才政策，申报引进国（境）外专家项目、国际合作项目、重大科技专项等支持专项，充分激发高层次外籍人才的创新活力。

5. 支持申报政府奖项

为自贸试验区建设发展做出贡献的外籍人才，可申报“海河友谊奖”。贡献突出的，可推荐申报中国政府“友谊奖”。

6. 支持申请永久居留

在自贸试验区工作且贡献突出的高层次外籍人才以及科研团队的核心成员，经本人申请、单位同意，自贸试验区管委会可按相关规定和程序，为其本人及其配偶、未成年子女，推荐申办在华永久居留。

7. 努力优化公共服务

市科技局会同市人社局，根据在自贸试验区工作外国人的分布等实际情况，合理设置经办窗口，不断优化经办流程，并在官方网站及时公布相关信息。在滨海新区公安出入境服务大厅设立外国人“三证联办”服务窗口，实现《外国人工作许可证》《外国人居留许可》《外国人永久居留证》等业务“一口受理、一口办结”。

8. 按需提供特色服务

定期开展自贸试验区外籍人才需求调查，精准掌握高端人才需求。针对高层次外籍人才的需求，深入开展“就医助力计划”“社交助力计划”等特色服务，切实落实外籍人才在自贸试验区工作、生活方面的个性需求。

9. 支持维护合法权益

聘用单位应依法与外籍人才签订并履行劳动合同。外籍人才合法权益受到侵害的，可以向相关主管部门投诉，主管部门依法依规维护其合法权益。

二、天津自贸试验区人才制度创新亮点

2015年，天津自贸试验区中心商务片区推出“两款”人才公寓。为了能让来到中心商务区中的这些人才在这里安心工作，满足他们不同层次的住房需求，天津自贸试验区中心商务片区建设“集中型”“分散型”两种形式的公寓，并提供相应

补贴政策。2015年人才公寓补贴总预算为5000万元。在中心商务区注册并实地经营的企业中层及以上管理人员均可按照人才公寓补贴标准享受补贴。管委会每半年为垫付房租的企业或个人发放人才公寓补贴。有入住需求的单位或个人在人才公寓储备房源和中心商务区核心区范围内自行选择租赁公寓。根据《中心商务区人才公寓管理暂行办法》，凡在中心商务区注册并实际经营的企业，均可申请人才公寓。凡是具备本科学历，在中心商务区注册经营企业工作，本人与企业签订二年以上正式劳动合同，且在滨海新区无自有住房的企业职工，均可申请人才公寓。同时，对中心商务区有特殊贡献的企业或个人可优先考虑。

自2015年6月8日起，天津滨海国际机场口岸将正式实施部分国家外国人72小时过境免办签证政策。来自全球51个国家持有有效国际旅行证件和前往第三国（地区）联程机票的外国人，可免办签证在天津停留72个小时。72小时过境免签政策是指在国务院批准的口岸，对部分国家持有有效国际旅行证件和72小时内确定日期、座位前往第三国（地区）联程机票的人员，实行过境免办签证政策。政策实施后，符合过境免签条件的外国人，从入境次日零时起，可在天津市行政区域内停留不超过72小时。举例来说，一名韩国旅客持联程机票从韩国出发到新加坡，在天津滨海国际机场中途转乘，如果想到天津市进行商务考察或旅游观光，通过申请过境免签即可在津停留三天，不必申请签证。作为服务天津自贸试验区建设的一项重要出入境配套措施，过境免签政策将为外籍人士，特别是世界知名企业和海外高层次人才了解天津、熟悉天津、投身天津建设创造更为优越便捷的出入境服务环境，为滨海新区开发开放和天津自贸试验区建设注入新活力。

2016年4月15日，为吸引更多高端人才加入天津自贸试验区的建设中来，国内首批金融租赁领域博士后科研工作站正式在天津自贸试验区天津港东疆片区授牌成立。此次获批的工银租赁、民生租赁博士后工作站，填补了国内金融租赁领域博士后工作站建设的空白，并将采取“1+2”的博士后的建站体系，即在东疆保税港区管理委员会设立博士后科研工作站，在工银租赁、民生租赁设立博士后分站。三家博士后工作站的设立，不仅在建立企业与高等院校、科研机构的合作机制，促进产学研相结合等方面发挥重大作用，而且对于产业高层次人才的引进、培养、使用、交流具有积极的意义。

2017年，中国工控网的人才共享经济项目——速派（天津）科技服务有限公司（以下简称“速派”）落户东疆。中国工控网是中国领先的工业互联与智能制造“互联网+”服务平台企业。速派定位于工业服务“互联网+”，打造工控服务（工程师）领域的“滴滴出行”模式。速派以数字化平台为纽带，连接工控服务供需双方，通过在工控速派网页端及速派APP，提供派单、抢单服务，将分散在全国各区域、各行业的工程师资源进行优化配置，充分释放工程师的价值。速派将通过智能化匹配，线上线下的服务，实现技术服务动态及时、精准高效的供需对接，并为供需双方提供可监督、参考和选择的有效评估体系。速派的落户填补了东疆工控人才共享经济领域的空白。

2020年，天津市教委公布了高校专业学位研究生“产教融合联合培养基地”建设单位名单。其中，东疆管委会与南开大学金融学院联合建设的“南开大学金融专业硕士东疆创新型融资租赁人才培养基地”项目获批立项。南开大学自2011年设立融资租赁方向金融专业硕士项目以来，已经累计向全行业输送高层次租赁人才达300余人。2019年9月，在第二届“东疆租赁产业人才发展研讨会”上，东疆管委会与南开大学金融学院等单位签订租赁人才联合培养合作框架协议，将进一步发挥双方资源优势，深化人才培养合作，共同助力新形势下融资租赁产业发展。

第五节 广东自贸试验区

一、广东前海自贸试验区的人才制度创新

（一）构建多层次人才政策支撑体系

1. 实施前海人才贡献奖励优惠政策

优化人才吸引和激励机制，聚集更多优秀人才来前海创新创业。贯彻落实境外高端人才和紧缺人才个人所得税优惠政策，切实降低境外人才税负水平。实施前海人才发展引导专项资金奖励计划，对为前海产业发展作出贡献的人才，根据直接经济贡献分类分档给予资金支持。

2. 鼓励海内外高层次人才到前海发展

重点引进诺贝尔奖获得者、国家最高科学技术奖获得者以及两院院士等深圳市认定的海内外高层次人才，按市奖励补贴金额的一定比例给予配套奖励。充分发挥院士（专家）的技术引领作用，对前海新设立的院士（专家）工作站，在市开办经费资助的基础上给予配套资助。鼓励香港大紫荆勋章获得者、太平绅士、退休公职人员通过担任顾问、交流任职、项目合作等形式到前海发展。

3. 实施高层次人才“团队+项目”引进计划

引进和培育一批海内外高层次人才创新创业团队，对落户前海并经深圳市认定的高层次人才“团队+项目”，按市资助金额的一定比例给予配套扶持。进一步加大人才创业扶持力度，对符合条件并入选深圳市“人才创业资助项目”的创业团队，在市创业资助基础上给予配套资助。

4. 建设深港博士后融合实践基地

创建粤港澳大湾区深港博士后融合实践基地，构建前海“1+N+X”博士后协同发展机制，实现产学研深度融合创新。推动设立前海博士后科研工作站，实施深港博士后联合培养计划，出台前海博士与博士后人才专项扶持政策，在设站资助、生活补贴、科研资助、成果奖励等方面给予资金扶持。

5. 加大总部企业人才扶持力度

深化现代服务业产业聚集、国际高端人才载体聚集的“双聚工程”，打造粤港澳大湾区联动发展的新引擎和一流成熟的总部经济聚集区。加大对总部企业人才的扶持力度，对经认定的总部企业员工给予个人贡献扶持和新引进人才扶持。

（二）推进建设粤港澳人才合作示范区

1. 争取放宽港澳执业资格条件

争取中央和省、市支持，将前海作为港澳与内地执业资格制度相衔接的试点基地，按照“重点突破、分步推进”原则，率先建立港澳专业人士执业“深港通”机制，允许港澳专业人士经备案后，在前海直接提供服务。深化粤港澳合伙联营律师事务所试点，支持港澳律师扩大执业范围。争取对港澳会计师事务所采用更加灵活的管理办法，减少合伙人有关限制。放宽医疗机构和港澳医师准入条件，培养符合国际标准的医学人才队伍。支持由前海商香港有关机构，共同认定一批等同于内地同类特级、一级资质的香港建筑工程机构，直接参与前海政府和社会投资建设项目。

2. 支持港澳青年在前海就业创业

率先建设粤港澳青年创新创业基地，支持符合前海重点发展领域、具有一定市场潜力的港澳青年来前海创新创业，在创业启动、创业成本、重点项目、上市奖励等方面给予扶持。鼓励港澳青年来前海实习就业，对引进的港澳青年毕业生给予一次性就业资助，并给予用人单位招用和实习补贴。

3. 完善人才合作特色载体

提升前海深港青年梦工场、前海深港基金小镇、前海深港创新中心、粤港澳青年创业区等国际合作载体运营水平，对符合条件的实验室、研究中心、孵化器、众创空间等创新创业载体，在开办运营、租金补贴、企业培育、立项配套等方面给予资助。推动建设“海外现代服务业人才离岸创新创业基地”，组建集引才引智、创业孵化、专业服务、政策保障等功能于一体、在岸与离岸相结合的国际化人才载体。

4. 促进深港人才交流融合

发挥国际人才交流大会、深港（前海）人才合作年会等平台作用，打造具有国际影响力的人才交流活动品牌。加快建设国际专用通信通道，建设全光网络城区，推动深港手机通信同城化，实行前海公共WIFI网络“深港通”。支持香港居民在前海便捷使用移动电子支付，为来深工作和生活提供更大便利。

5. 引进现代服务业国际专业人才

启动“国际化人才集聚工程”，采取“一事一议”“一人一策”，精准引进金融科技、人工智能、大数据、芯片研发等世界级顶尖人才。探索在前海试行境外专业技术人才特聘高端职位试点，按需设置联席处长、特聘专员、高级顾问等特聘岗位，聘请具有全球视野和国际影响力，熟悉国际商务、法律、金融、财税、基础设施等规则的国际专业人才参与前海事务。

6. 建立国际专业服务业产业园

通过“线上平台+线下空间”融合发展模式，利用港澳现代服务业的国际化优势，大幅提高前海现代服务业市场开放度，聚集一批国内外顶尖的法律、会计、咨询、人力资源等专业服务机构，形成辐射粤港澳大湾区的专业服务业集聚区。推动设立前海专业协会联盟，搭建粤港澳三地专业行业协会和专业人士的交流平台，实现前海专业服务水平向精细化和高品质转变。

（三）营造人才发展宜居宜业环境

1. 推动扩大人才教育开放合作

加快建设前海国际学校，引进境外优质教育资源，举办高水平示范性中外合作办学机构。争取市、区支持，保障前海高层次人才子女在义务教育阶段的就读需求，允许港澳青少年与市民同等积分入学。创新内地与港澳合作办学方式，支持设立港澳独资或合资非学历教育培训机构，引进港澳国际化特色课程，共建职业资格培训、专业技能培训等非学历教育培训基地。

2. 提升国际化人才医疗服务

引进优质医疗资源，鼓励社会资本发展高水平医疗机构，推进国内外医疗资源合作。推动港澳台居民和外籍高端人才及配偶、子女购买和享受医疗保险。鼓励港澳服务提供者以独资、合资或合作等方式设立医院、诊所等专业医疗机构，探索港澳已上市但内地未上市的药品、医疗器械在前海特定医疗机构适用。

3. 强化实施特色人才安居工程

设立前海人才住房专营机构，通过自建、购买多渠道筹集建设人才住房，切实解决人才住房保障需求。探索开展住房租赁券计划，鼓励更多人才群体通过住房租赁市场实现安居。允许香港居民按规定享有与市民同等购房待遇。进一步推广为前海外籍及港澳台高层次人才聘雇的外籍家政服务人员申请居留许可，加大力度营造国际化生活居住环境。

4. 创新人才商业保险保障制度

利用前海金融先行先试优势，通过“金融+人才”模式支持人才创新创业。针对人才群体创新保险业务，鼓励前海保险机构建立人才创新创业风险补偿机制，探索设立与香港接轨的律师、医生、会计师、建筑师等职业责任保险产品，为跨境人才提供定制化的执业、健康、养老等保险保障及增值服务。

5. 构建人才法治保障创新体系

加快建设中国特色社会主义法治示范区，健全知识产权保护机制和知识产权生态系统。探索推进前海涉港因素商事合同选择适用香港法律，持续提升执法司法和公共法律服务能力水平，形成与国际化现代化新城区相适应的综合执法体系，为人才发展营造公开透明、公平有序的法治环境。

（四）开展国际人才管理制度创新

1. 优化人才公共服务长效机制

探索设立外国人一站式服务窗口，整合公安、外专、外事等部门职能，实行外国人业务“三窗合一”办理新模式。完善前海国际人才服务中心运作机制，提供专业优质的全链条人才公共服务和市场化服务，通过信息化智能服务平台构建前海人才生态圈。

2. 创新国际人才出入境便利制度

争取率先开展技术移民试点，建立与国际接轨的技术移民规则，试行更加积极开放的人才引进和出入境管理制度。争取下放外国人永久居留审批权，实施配额、备案管理制度，对外籍高层次人才、专业技术人才、创新创业人才、外籍华人、海外留学生、非中国籍香港永久性居民等不同人才群体分类施策。允许取得永久居留资格的外籍人才在前海创办科技型企业，担任科研机构法人代表。

3. 建立人才数据联动共享机制

借助智能化手段绘制前海人才画像，精准把握人才群体特征，提炼紧缺急需人才类型，定期编制和发布前海外籍紧缺人才职业清单。建立人才数据信息共享机制，为分类精准开展人才服务创造条件，为全市招才引智、人才评价、人力资源开发等提供数据支持。

4. 完善人才集聚发展的保障机制

发挥前海合作区党工委总揽全局、协调各方的领导核心作用，构建党工委统一领导、人才部门牵头抓总、有关部门密切配合、社会力量发挥重要作用的人才工作新格局。持续推进前海全国人才管理改革试验区建设，大胆创新、先行先试，按照“成熟一个，推出一个”的原则，逐步形成导向明确、内容完备、切实有效的人才管理制度体系。

二、广东前海自贸试验区人才制度创新亮点

2018年9月4日，深圳发出首张前海蛇口自贸片区外籍人才永久居留身份证。前海蛇口自贸片区发出首张外籍人才永久居住身份证，对于广东自贸试验区来说具有标志性意义。深圳用外籍人才“绿卡”放大人才特区的“磁吸效应”，为建设竞争力影响力卓著的创新引领型全球城市提供有力的人才支撑。

2018年，前海全力打造粤港澳人才合作示范区。港澳居民在前海免办就业证，港澳居民在前海可缴纳住房公积金，放宽港澳专业人士执业门槛，允许港澳会计、法律和建筑等领域专业人才在区内提供专业服务，开展外国高端人才“一卡通”服务。获得《外国人工作许可证》（A类）的外国高端人才，可获批2～5年工作许可及工作居留，在住房公积金缴存、提取和使用住房公积金贷款方面享受深圳市市民待遇。被认定为市杰出人才的，可选择600万元奖励补贴，也可选择面积200平方米左右免租10年的住房。经我市认定为海外高层次人才的，可享受相应奖励补贴，可选择最长3年、每月最高1万元的租房补贴，或选择免租入住最长3年、面积最大150平方米的住房，子女可享受教育上的优惠，并可按规定享受市政府二级或三级保健待遇。对持有《外国人永久居留证》并在本市工作的外籍高层次人才及其随迁配偶和未满十八周岁未婚子女，在教育、就业、社保、医疗、住房购置等方面可以享受市民待遇。除广东自贸试验区首例积分评估技术人才“中国绿卡”落地外，前海还完成了全省首例博士华人申请“中国绿卡”，全市共利用便利政策为自贸试验区重点企业聘雇并担保的高级专业外籍人才办理5年工作居留许可等2000多份。在深圳市公安局支持下，出台了自贸试验区企业商务签注便利政策，对前海初创企业大幅度放宽纳税和创汇条件限制，实现创业人才商务签注“按需申领”，超过700家前海企业、1900余人享受了该政策。

2019年，前海修订境外人才个税补贴政策。前海是特区中的特区，为支持前海发展，国家在许多方面赋予前海先行先试政策，其中前海境外高端人才和紧缺人才个人所得税财政补贴政策便是其一。前海于2013年起实施境外高端人才和紧缺人才个人所得税财政补贴政策，对在区内工作的境外高端和紧缺人才缴纳的工资薪金个人所得税超过应纳税所得额15%的部分，由深圳市政府以财政补贴的形式返还。为充分发挥前海境外人才个税补贴政策的作用，让政策操作性更强，前海管理局、市财政局、市人力资源和社会保障局等部门联合印发了《深圳前海深港现代服务业合作区境外高端人才和紧缺人才个人所得税财政补贴办法》《前海深港现代服务业合作区境外高端人才和紧缺人才认定办法》，对于相关问题予以修订和完善：一是可享受补贴的个人所得项目由原来的仅限定为“工资薪金所得”，增加了“经营所得”“劳务报酬所得”“稿酬所得”“特许权使用费所得”等4项个人所得项目。此项修订用好用足优惠政策，扩展了政策受益面，对鼓励境外仲裁员、深港联营律师事务所律师、文化创意产业从业人员等相关人才就业、执业、创业将有显著作用。二是扩大了补贴受益面，将“取得香港入境计划（优才、专业人士及企业家）的香港居民，赴港澳定居的内地居民”等两类香港居民纳入了认定及享受补贴人才范围内，凸显了前海依托香港、服务香港、广纳优才的定位。三是将在前海提供独立个人劳务纳入了人才认定的范畴。四是可享受补贴的时限，由原来的仅接受“上一年度的财政补贴申请”，增加了“两年内均可补充申报”的规定，解决了部分人员一年内未满期限不予补贴或遗漏申报等问题。同时，将申请年度在前海连续工作满1年的限制条件，放宽至连续工作满90天，支持人才合理流动。五是明确在必要时，前海管理局可以要求取得国外长期居留权的海外华侨和归国留学人才，提供住在国中国使领馆出具的长期（或永久）居留权公证书、认证书或住在国驻华使领馆出具的公证书和住在国居留记录，堵上了政策被恶意钻空子的风险。六是明确将财政补贴直接拨付给人才的个人账户，避免过往操作中部分企业未及时将补贴拨付至个人的情况，切实保障人才权益。前海的先行先试，为在粤港澳大湾区范围实施境外高端人才和紧缺人才认定及个税补贴政策提供了可借鉴、可复制推广的经验模式。

第八章

制度创新篇（4）：税收制度创新

第一节　自贸试验区税收优惠制度概述

我国自贸试验区是我国各项制度改革创新的先行区，其税收制度除了沿用国内税收制度之外，还需要能够起到促进贸易，发展相关产业，吸引投资，进而推动地区经济协同发展的特殊税收政策。从总体来看，我国自贸试验区内税收政策可以划分为三大部分，分别为：基本税收优惠（见表8-1所示）、区域特有税收优惠（见表8-2所示）以及税收征管政策（见表8-3所示）。

一、基本税收优惠

基本税收优惠是指我国12个自贸试验区共同执行的税收优惠政策。主要是由国发〔2013〕38号《国务院关于印发中国（上海）自由贸易试验区总体方案的通知》（以下简称：《上海总体方案》）规定的，我国自贸试验区（除了国务院指明的福建平潭自贸片区、深圳前海深港现代服务业合作区、珠海横琴自贸片区，上海自贸试验区中的上海外高桥保税区、上海外高桥保税物流园区、洋山保税港区和上海浦东综合保税区）共同执行的自贸试验区内税收优惠。如表8-1中所示，基本税收优惠中的前两条是国家出于促进投资角度制定的，后面的六条是出于促进贸易的角度制定的。

表8-1我国自贸试验区基本税收优惠制度一览表

依据	内容
除了国发〔2013〕38号《国务院关于印发中国（上海）自由贸易试验区总体方案的通知》以外，还参照了其他自贸试验区的《总体方案》，财税〔2010〕8号《关于印发<中关村国家自主创新示范区企业股权和分红激励实施办法>的通知》以及财税〔2016〕101号《关于完善股权激励和技术入股有关所得税政策的通知》	（1）注册在试验区内的企业或个人股东，因非货币性资产对外投资等资产重组行为而产生的资产评估增值部分，可在不超过5年期限内，分期缴纳所得税；（2）对试验区内企业以股份或出资比例等股权形式给予企业高端人才和紧缺人才的奖励，实行已在中关村等地区试点的股权激励个人所得税分期缴纳政策；（3）将试验区内注册的融资租赁企业或金融租赁公司在试验区内设立的项目子公司纳入融资租赁出口退税试点范围；（4）对试验区内注册的国内租赁公司或租赁公司设立的项目子公司，经国家有关部门批准从境外购买空载重量在25吨以上并租赁给国内航空公司使用的飞机，按5%征收进口环节增值税；（5）对设在试验区内企业企业生产、加工并经“二线”销往内地的货物照章征收进口环节增值税、消费税；（6）根据企业申请，试行对该内销货物按其对应进口料件或按实际报验状态征收关税的政策；（7）在现行政策框架下，对试验区内生产企业和生产性服务业企业进口所需的机器、设备等货物予以免税，但生活性服务业等企业进口的货物以及法律、行政法规和相关规定明确不予免税的货物除外；（8）在严格执行货物进出口税收政策前提下，允许在自贸试验区海关特殊监管区域内设立保税展示交易平台。

（资料来源：根据国务院，财政部网站发布的各项通知政策整理）

如表8-1所示，基本税收优惠中的第（1）条，在自贸试验区内注册的企业、个人股东投资增值所得，可在5年内分期缴纳所得税。这一条体现了延迟缴税原则，意味国家给在自贸试验区内注册的企业或个人股东提供了一笔无偿贷款。第（2）条，同样是通过延迟纳税，为获得股权激励的企业高端人才、紧缺人才提供了隐形无偿贷款。第（3）条、第（4）条为试验区内国内租赁公司、租赁公司设立项目子公司提供了贸易的便利。其中第（4）条规定用于租赁给航空公司而从境外购入的飞机进口环节征收5%的增值税税率，国内融资租赁增值税税率为16%，2019年4月1日后执行新税改后的税率为13%，这里规定的低税率体现了我国自贸试验区税收制度在融资租赁方面的突破。我国自贸试验区海关监管模式是“一线全面放开，二线安全管住”，在自贸试验区内还设有海关特殊监管区，海关特殊监管区之内才是属于一线的范围，所以第（5）条、第（6）条规定的选择性征收关税，只在海关特殊监管区内适用。第（7）条是对自贸试验区内生产企业和生产性服务企业制定的税收优惠政策。第（8）条允许自贸试验区海关特殊监管区域内设立保税展示交易平台，可以促进其他国家在我国进行贸易活动，同时也增加了我国海关特殊监管区港口的货物吞吐量。

二、区域特有税收优惠

区域特有税收优惠是指我国自贸试验区内部分区域，除了自贸试验区基本税收优惠以外另外执行的不同的税收优惠。根据相关文件规定，我国自贸试验区中共七个区域有自己特有的税收优惠，具体见表8-2所示。

表8-2 我国区域自贸试验区税收优惠制度一览表

地区及依据	内容
上海外高桥保税区、上海外高桥保税物流园区、洋山保税港区和上海浦东综合保税区另外执行国发〔2007〕40号《国务院关于经济特区和上海浦东新区新设立高新技术企业实行过渡性税收优惠的通知》和财税〔2009〕107号《关于国内采购材料进入海关特殊监管区域适用退税政策的通知》	（1）对经济特区和上海浦东新区内在2008年1月1日（含）之后完成登记注册的国家需要重点扶持的高新技术企业（以下简称新设高新技术企业），在经济特区和上海浦东新区内取得的所得，自取得第一笔生产经营收入所属纳税年度起，第一年至第二年免征企业所得税，第三年至第五年按照25%的法定税率减半征收企业所得税；（2）经济特区和上海浦东新区内新设的高新技术企业同时在经济特区和上海浦东新区以外的地区从事生产经营的，应当单独计算其在经济特区和上海浦东新区取得的所得，并合理分摊企业的期间费用；没有单独计算的，不得享受企业所得税优惠；（3）根据财税〔2008〕10号文件的规定，对区内生产企业在国内采购“海关特殊监管区内生产企业国内采购入区退税原材料清单”中列名的产品，进区按增值税法定征税率予以退税是指取消出口退税的产品。上述产品的出口退税率调整后，应执行调整后的出口退税率。（4）财税〔2008〕10号文件“海关特殊监管区内生产企业国内采购入区退税原材料清单”列名产品，如因海关商品编码发生变更，而产品特性描述按海关规定仍在列名产品范围的，按原规定的适用退税率执行。
广东深圳前海深港现代服务业合作区的特有税收优惠政策出自财税〔2019〕31号《关于粤港澳大湾区个人所得税优惠政策的通知》	个人所得税：广东省、深圳市按内地与香港个人所得税税负差额，对在大湾区工作的境外（含港澳台，下同）高端人才和紧缺人才给予补贴，该补贴免征个人所得税（适用于2019年1月1日起至2023年12月31日止）。

续表

广东珠海横琴的特有税收优惠出自财关税〔2013〕17号《关于横琴开发有关进口税收政策的通知》、财税〔2014〕51号《关于横琴平潭开发有关增值税和消费税政策的通知》和财税〔2019〕31号《关于粤港澳大湾区个人所得税优惠政策的通知》	（1）对从境外进入横琴与生产有关的规定的货物实行备案管理，给予免税；（2）货物从横琴进入内地按有关规定办理进口报关手续，按实际报验状态征税，在“一线”已完税的生活消费类等货物除外；（3）横琴企业将免税、保税的货物（包括用免税、保税的料件生产的货物）销售给个人的，应按进口货物的有关规定补齐相应的进口税款；（4）除明确规定的部分货物外，内地销往横琴、平潭与生产有关的货物，视同出口，实行增值税和消费税退税政策；（5）内地货物销往横琴、平潭，适用增值税和消费税退税政策的，必须办理出口报关手续（水、蒸汽、电力、燃气除外）；（6）横琴、平潭各自的区内企业之间销售其在本区内的货物，免征增值税和消费税；（7）横琴、平潭已享受免税、保税、退税政策的货物销往内地，除在“一线”已完税的生活消费类等货物外，按照有关规定征收进口税收；（8）横琴、平潭在“一线”已完税的生活消费类等货物销往内地的，由税务机关按照现行规定征收增值税和消费税；（9）横琴、平潭的企业应单独核算按照通知规定退税或免税的货物。主管税务机关发现企业未按规定单独核算的，取消其享受本通知规定的退税和免税资格2年，并按规定予以处罚；（10）个人所得税：同广东深圳前海深港现代服务业合作区。
福建平潭的特有税收优惠出自财关税〔2013〕62号《关于平潭综合实验区有关进口税收政策的通知》和财税〔2014〕51号《关于横琴、平潭开发有关增值税和消费税政策的通知》	（1）对从境外进入平潭与生产有关的规定的货物实行备案管理，给予免税； （2）货物从平潭进入内地按有关规定办理进口报关手续，按实际报验状态征税，在“一线”已完税的生活消费类等货物除外； （3）平潭企业将免税、保税的货物（包括用免税、保税的料件生产的货物）销售给个人的，应按进口货物的有关规定补齐相应的进口税款。其他的税收优惠同广东珠海横琴的（4）—（9）项。

（资料来源：根据国务院、财政部网站发布的各项通知政策整理）

上海自贸试验区中的上海外高桥保税区、上海外高桥保税物流园区、洋山保税港区和上海浦东综合保税区的开放程度最高，是试验区中的先行试验区。国家允许这些区域先试先行，尤其是要发展高新技术产业，形成高新技术产业群，从而带动长江经济带的发展。如表8-2所示，这些区域特有税收优惠的第（1）条、第（2）条，区域内高新技术企业享受企业所得税的税收优惠。第（3）条、第（4）条规定的优惠是将区内视同关外，区域内生产性企业从国内购入原材料中取消出口退税的产品也予以免税。这两条优惠主要以降低企业生产成本的形式体现。 从财关税〔2015〕19号《关于中国（广东）自由贸易试验区有关进口税收政策的通知》中规定：

“深圳前海深港现代服务业合作区、珠海横琴税收优惠政策不适用于自贸试验区内其他区域。”可以看出，广东的深圳前海深港现代服务业合作区以及珠海横琴也有区域特有税收优惠。在 2019 年两会召开期间，3月15日财政部、海关总署、国家税务总局发布了最新财税政策：财税〔2019〕31号《关于粤港澳大湾区个人所得税优惠政策的通知》。通知规定对深圳前海港现代服务业合作区、珠海横琴内在大湾区工作的境外高端人才、紧缺人才给予补贴，并且这项补贴免个人所得税。通过这项税收优惠政策起到的人才虹吸效果，可以推动我国“构建开放型经济新体制，实现粤港澳经济深度合作”的步伐。另外，广东珠海横琴、福建平潭区域特有税收优惠的规定，体现在财关税〔2013〕17号《关于横琴开发有关进口税收政策的通知》、财关税〔2013〕62号《关于平潭综合实验区有关进口税收政策的通知》以及财税〔2014〕51号《关于横琴、平潭开发有关增值税和消费税政策的通知》这三个政府文件中。主要是对这两个区域内进口关税、增值税、消费税做出税收优惠的规定。

三、税收征管政策创新

税收征管政策是指在自贸试验区内实行的税收征管方式。税收征管政策在我国自贸试验区内创新较多，各个地区都有自身特有的税收征管方式创新，所以在表 8-3 中对列示的税收征管政策分为两部分：一是经过自贸试验区试验已推广至全国的六项税收征管创新政策，二是各自贸试验区的税收征管创新政策。经过自贸试验区试验已推广至全国的六项税收征管创新政策，源于国务院发布的国发〔2014〕65号《国务院关于推广中国（上海）自由贸易试验区复制改革试点经验的通知》、国发〔2016〕63号《国务院关于做好自由贸易试验区新一批改革试点经验复制推广工作的通知》、国发〔2018〕12号《国务院关于做好自由贸易试验区第四批改革试点经验复制推广工作的通知》的规定，具体见表8-3。各自贸试验区的税收征管创新政策是国家给予自主创新权的体现，它是各自贸试验区以及下设片区在税务工作中基于实际情况，发挥主观能动性，经过可行性验证后制定的创新性政策，可以大幅度地提升税收服务质量。例如国家税务总局在2014年7月份为上海自贸试验区出台的“税收一网通关、便捷优质高效”10项税收创新服务举措、2015年4月天津市国税局基于“快速办税、轻松e点和涉税通办”角度提出的天津自贸试验区税收创新10项举措、福建国税局“四通三化”自贸试验区税收创新服务、福建地税局推出的“五一三化”税收创新服务举措、广东国税局出台的“自贸税易通”12项税收创新服务举措，还有 2015年5月国家税务总局在之前出台的“税收一网通关、便捷优质高效”10项税收创新服务举措基础上又增设了10项税收创新服务措施，形成了“办税一网通10+10”等。

表8-3　我国自贸试验区税收征管政策创新一览表

类别	内容
已推广至全国的六项税收征管创新政策	已推广至全国的税收征管创新政策： （1）涉税事项网上审批备案； （2）税务登记号码网上自动赋码； （3）网上自主办税； （4）纳税信用管理的网上信用评级； （5）税控发票领用网上申请； （6）一般纳税人登记网上办理。
各自贸片区税收征管创新	各自贸试验区税收征管创新

（资料来源：根据国务院、财政部网站发布的各项通知政策整理）

第二节 海关税收制度创新

自我国自贸试验区设立以来，海关开启了包括税收政策在内的一系列海关监管政策创新改革。“制度创新，服务企业”是自贸试验区设立以来，新时期海关税收政策的特点。从政策创新类别区分，即可总结为两类：第一类是以“制度创新”为主的海关税收政策创设改革。通过制度创新，开拓贸易形式，赋予自贸试验区开展诸如“海关融资租赁”“保税境内外维修”等新型贸易形式的试点，通过先试先验，充分发挥自贸试验区作为制度创新试验田的重要作用。第二类是以“服务企业”为主的税收征管政策创新。这部分改革，主要是以税收征管便利化方面的改革，通过相关政策创新，给予企业海关缴纳税收政策适用的选择权，以服务企业为本，促进贸易与通关便利化水平的提升，这也是新时期海关税收政策改革的重要领域。这些税收制度创新包括新型贸易业态、贸易便利化措施及政策优惠措施方面，有效助力我国自贸试验区金融、商贸等相关领域的发展，并已有针对性地逐步向全国复制推广。

一、我国自贸试验区各领域海关配套税收政策创新梳理

针对自贸试验区海关税收政策创新涉及的领域不同，本部分将分别从金融服务、商贸服务、专业服务以及纳税服务领域对自贸试验区内海关配套的税收政策创新进行梳理与分析。

（一）金融服务领域海关配套税收政策创新

1. 融资租赁政策

“融资租赁”海关税收政策创新，是指海关对特殊监管区域内融资租赁货物按

照审查确定的分期缴纳的租金分期征收关税和增值税的税收政策创新。该项海关税收政策创新打破了国内融资租赁承租企业只有向境外租赁企业承租进口设备时才能使用分期缴纳税款的政策，而对境内租赁企业从事融资租赁业务，则需要根据设备的总价一次性缴纳关税与增值税税款的限制，进而扩大了境内融资租赁市场，提升了国内融资租赁产业的竞争力。

2. 期货保税交割政策

“期货保税交割”海关税收政策创新，是指海关允许以处于保税监管状态下的货物作为交割标的物的一种海关税收政策创新。在该模式下，企业可以将从境外进境的期货商品先存储于区内保税仓库，进行保税状态下的期货商品交割，并待期货商品最终进口时，再缴纳相应海关税款。在期货保税交割推行之前，由于政策原因，我国期货市场的交易和交割都以完税状态下的货物作为标的物，而国际期货市场的主要商品期货的交易价格是不含关税和增值税的，因此与国际惯例不符。不仅不利于期货投资者跨市场交易，同时由于期货商品进口完税后其流通性受到限制，导致了企业交易风险的增加。该项政策创新突破了我国期货市场的交易和交割都以完税状态下的货物作为标的物的现状，进而同国际期货市场交易有效接轨。

（二）商贸服务领域海关配套税收政策创新

1. 保税展示交易政策

“保税展示交易”海关税收政策创新，是指经海关注册登记的自贸试验区内企业在区内或区外开展保税货物的展示或交易中，海关在企业有效担保下，对展示期间发生的内销的货物实行先销后税、集中申报的海关税收政策创新。此项政策创新相比于原来综合保税区“展示”功能的基础上增加了“交易”功能，打破了传统的海关特殊监管区域物理围网限制，给企业提供了将保税货物在区内外展示交易的便利条件。

2. 平行进口车保税仓储政策

“平行进口车保税仓储”海关税收政策创新，是指海关允许在自贸试验区内符合条件的企业开展平行进口车保税仓储业务，并同时设定了3个月的保税仓储期限的自贸试验区海关税收政策创新。该项税收政策创新有效地解决了对于“平行车进口”试点企业普遍反映的受进口汽车实行“落地完税”政策影响，导致进口税费占用企业资金压力大的问题，同时针对部分平行进口汽车由于具有货源渠道广、采购批次多、单批数量少等特点，存在无法提前对其进行符合中国标准的辅助性整改的情况，该政策的实施，将为其进港时提供所需要的时间和空间来完成相关的辅助性整改工作。

（三）专业服务领域海关配套税收政策创新

1. 保税境内外维修政策

“保税境内外维修”海关税收政策创新，是指海关允许海关特殊监管区域内企业可以对来自境内或境外的因部件损坏、部分功能丧失或者出现缺陷的货物，通过采取保税的模式，开展检测、维修业务的海关税收政策创新。该政策的出台有效解决了海关特殊监管区域内维修业务政策仅限于对于区内产品出口到境外后的返区维修和区内产品内销到区外境内后的返区维修，而其余维修业务的开展只能通过一般贸易的方式完成对维修料件的征税进口后再进行维修的问题，推动了区内保税境内外维修产业的发展。

2. 委内加工政策

“委内加工”海关税收政策创新，具体是指在海关特殊监管区域内企业接受境内海关特殊监管区域外企业委托，对区域外企业提供的入区原料进行加工，并将生产的成品全部返回境内区域外，并依据生产加工费等向海关缴纳税款的自贸试验区海关税收政策创新。根据海关原有政策，海关特殊监管区域内企业无法为区域外企业提供类似于加工贸易的服务。该政策的及时出台，则突破了我国对于海关特殊监管区域内企业“两头在外”的发展定位，有效解决了我国经济发展进入“新常态”下因国外订单减少等原因，导致区内先进产能出现闲置的问题，促进了区内产能的有效利用及区内企业的发展。

（四）纳税服务领域海关配套税收政策创新

1. 内销选择性征税政策

“内销选择性征税”海关税收政策创新，是指海关对设立在海关特殊监管区域内从事加工贸易的企业，对其在生产、加工并销往境内区外的货物，除按加工成品照章征收进口环节增值税、消费税外，依据企业申请，对该内销成品可以按照其实际报验状态或其对应的进口料件征收关税的海关税收政策创新。如企业选择按照进口料件征收关税时，应一并补缴关税税款缓税利息。该项税收政策的创新，突破了区内生产型企业成品内销必须按照加工成品报验状态征收关税的政策限制，为区内生产型企业提供了内销缴纳关税的自主选择权。

2. 海关税收征管模式创新

自我国自贸试验区设立以来，海关推出了一系列以“集中汇总征税”“自主报税、自助通关、自动审放、重点稽核”等为代表的海关税收征管模式创新。其中“集中汇总征税”海关征管模式创新是指海关将传统的以海关主导型税收征管模式转变为企业主动型的征管模式，允许企业在有效担保下，向海关集中缴付税款的海关税收征管模式创新。海关“三自一重”征管模式创新是指企业在关企平台中，自主如实录入报关单数据的基础上，主动申报海关税款，而海关通过自身信息系统对企业申报的数据进行自动审放作业，并在后续稽核中对企业申报税款进行核对的海关税收征管模式创新。类似功能的海关税收征管创新还有企业“自报自缴”税收政策等。

二、上海自贸试验区海关税收制度创新

上海作为我国成立的第一个自贸试验区，在海关税收制度管理方面大胆创新，先行先试，积累了丰富经验，取得了较好效果。

（一）上海自贸试验区海关税收制度创新情况

下面将上海自贸试验区海关税收制度创新情况汇总整理如下表8-4所示：

表8-4 上海自贸试验区海关税收制度创新情况汇总

政策创新	实施时间	原实施范围	推广情况
融资租赁政策	2014 年 4 月	自贸试验区海关特殊监管区域内	逐步面向全国海关特殊监管区域内推广
期货保税交割政策	2014 年 4 月	自贸试验区海关特殊监管区域内	逐步面向全国海关特殊监管区域内推广
保税展示交易政策	2014 年 4 月	自贸试验区海关特殊监管区域内	逐步面向全国范围内推广
保税境内外维修政策	2014 年 5 月	自贸试验区海关特殊监管区域内	逐步面向全国海关特殊监管区域内推广
集中汇总征税政策	2014 年 6 月	自贸试验区海关特殊监管区域内	逐步面向全国范围内推广
内销选择性征收关税政策	2014 年 6 月	自贸试验区海关特殊监管区域内	逐步面向全国海关特殊监管区域内推广
“自主报税，自助通关，自动审放，重点稽核”政策	2014 年 12 月	自贸试验区海关特殊监管区域内	逐步面向全国范围内推广
平行进口车保税仓储政策	2016 年 6 月	自贸试验区海关特殊监管区域内	逐步面向全国海关特殊监管区域内推广

（二）实施效果分析

1. 融资租赁海关税收政策

自贸试验区融资租赁海关税收政策试点，最初来源于《上海海关关于在中国（上海）自由贸易试验区开展融资租赁业务的公告》（2014年第12号）的规定。该海关税收政策解决了国内融资租赁的承租企业融资租赁设备时，向国内外融资租赁企业融资的海关税收政策不统一的问题。依据该政策，在向国内海关特殊监管区域内的金融租赁企业进行融资租赁业务时，同样可以享受按照租金分期缴纳关税和增值税的待遇，给予了承租企业更多的“融资租赁”选择。一方面，缓解了企业采购大型进口设备的资金压力，降低了企业融资和交易成本；另一方面，该政策的创新实施，有助于吸引原先在境外从事融资业务的公司落户到自贸试验区海关特殊监管区域，扩大境内融资租赁市场，推动与提升国内融资租赁产业的竞争力。

自融资租赁海关税收政策创新推出以来，以上海自贸试验区外高桥保税片区为例，该片区充分发挥海关税收政策创新优势，形成了融资租赁企业集聚高地和产业集群效应，截至2016年底，共成立融资租赁母体公司1524家，租赁资产总额近5015亿元，业务范围涵盖了航空、船舶、工程机械、医疗设备等领域，推进了融资租赁业在上海的发展。

2. 期货保税交割政策

根据《上海海关关于在中国（上海）自由贸易试验区开展期货保税交割业务的公告》（2014年第11号），期货保税交割海关税收政策于2014年4月21日起正式实施，该项海关税收政策的创新，打破了国内期货市场相对封闭的现状，初步实现了与国际期货市场“净价”环境的接轨，是促进我国期货市场资源配置功能辐射范围逐步扩大至国际市场的重要一步，对于提升我国期货市场的价格影响力和国际话语权，起到重要的推动作用。

以上海自贸试验区为例，该《公告》的正式实施，将期货保税交割适用范围从最初仅限于铜、铝两项商品的交割扩大到了上海期货交易所全部上市的商品品种，以上海期货交易所为依托，截止到当年底，已吸引了大宗商品龙头60余家企业入驻洋山保税港区，涵盖了包括物流、贸易、银行、基金等产业链各个领域。同时该政策的实施，吸引了伦敦金属交易所（LME）在中国开展业务的全部五家指定交割库运营商在洋山保税港区内开展业务，为自贸试验区期货交割集散地的形成，以及国内外大宗商品交易市场发展提供了重要契机。

3. 保税展示交易政策

保税展示交易海关税收政策，具体来源于《上海海关关于在中国（上海）自由贸易试验区开展保税展示交易业务的公告》（2014年第9号）。该项政策的实施，对于自贸试验区商贸服务领域有多方面的作用。在进口商品销售方面，对于在区外展销的保税商品如出现销售不佳或未实现销售等情形，企业可以灵活将其返回区内或转口境外，并通过商品调拨，参与国际贸易资源配置，增强国内商贸企业的竞争力。对国内外制造业企业生产的大型设备的国内展销方面，该政策的实施得以使相关设备以保税的形式在国内展示交易中心展销，极大降低了企业的资金占用率，同时对我国高端制造业企业的转型发展起到重要作用。以上海自贸试验区外高桥国际机床展示贸易中心为例，截至2017年11月，该政策的实施使该中心集聚了包括全球排名前六在内的140余家机床企业，营造了积极的营商环境，增强了企业竞争力。另外，随着保税展示交易政策的扩展，上海自贸试验区先后形成并推出了以酒类、医药、钟表、医疗器械等为代表的保税展示中心，有效助推了自贸试验区商贸以及高端制造业企业的发展。与此同时，保税展示交易政策在文化艺术品展示、交易领域上也得以运用。同样以上海自贸试验区为例，截至2017年9月，上海自贸区国际艺术品交易中心自2013年7月运营以来，通过赋予进入自贸试验区内的国际艺术品在免税的状态下进行储存展示和交易的权利，已累计进出口艺术品240亿元，具体包含油画、雕塑、文物等艺术品交易，有效助力上海自贸试验区艺术品交易市场的发展，推动地区文化艺术产业的繁荣。

4. 平行进口车保税仓储政策

平行进口车保税仓储海关税收政策，作为平行进口汽车试点的海关配套支持措施，具体来源于《海关总署关于开展汽车平行进口试点保税仓储业务的通知》（署加发〔2016〕119号）。据统计，根据2017年上半年平行进口车数据分析报告，全国平行车进口业务取得了强势增长，其中2017年上半年全国平行进口车数量达到81649辆，同比增长49.7%，并占同期全国进口汽车总量的14.1%。其中天津自贸试验区在充分利用海关税收政策利好及天津港的区位优势，平行进口车55491辆，同比增长89.6%，占全国平行进口车总量近七成，成为全国主要的平行进口车口岸。近年来，平行进口汽车的快速增长很大程度上得益于海关对平行进口车的保税仓储政策优势，该项创新政策首次突破了汽车进口必须直接在口岸海关办理进口报关、纳税等手续的“落地征税”政策，通过设定3个月的进口车保税仓储期限，有效减轻了企业的资金压力，激发了进口汽车市场的活力，推动了自贸试验区“平行车进口”产业竞争力和政策吸引力。

5. 保税境内外维修政策

保税境内外维修海关税收政策，始自《上海海关关于在中国（上海）自由贸易试验区开展境内外维修业务的公告》（2014年第10号）。该项海关税收政策创新，突破了维修业务对于原产国的限制，拓宽了维修业务范围，便利了区内企业为国际、国内两个市场提供保税维修服务。以上海自贸试验区为例，目前已形成以船舶、飞机零部件检测维修为代表的产业集聚。截止到2017年10月，上海自贸试验区已入驻保税维修企业22家，在机电设备检测维修领域，仅上半年就已进口1万余批次、价值5.43亿美元的入境维修再制造用机电料件，出口维修成品价值达8.58亿美元。该政策通过海关保税监管模式，有效减少企业维修检测成本，通过有效利用区内高端制造业的技术优势与资源，推动区域内加工制造业向研发、检测、维修等生产链高价值的前后两端延伸。另一方面，该政策创新助推了区域内以船舶、飞机维修为代表的产业集聚，形成了产业集聚效应，有效推动自贸试验区“高技术、高附加值、无污染”的境内外维修业务发展。

6. 委内加工政策

委内加工海关税收政策，最先于2015年6月底试点，由中国（福建）自由贸易试验区厦门片区首创。自该政策实施以来不到半年，福建自贸试验区厦门片区就已有5家区域内试点企业开展委内加工业务，业务规模达到近3000万元，主要涉及新能源客车、高档印刷品等加工产品。该项自贸试验区海关税收政策创新的实施，既增加了海关特殊监管区域内海关的税收来源，又有效释放了区内企业闲置产能，提升企业经营灵活性，服务于国家供给侧结构性改革，为区域内企业同时开拓境内、境外两个市场，优化海关特殊监管区域业务形态，促进区域内加工制造企业转型升级起到重要作用。根据《关于海关特殊监管区域内开展委内加工业务的公告》（海关总署公告2016年第68号）的相关要求，委内加工海关税收政策已逐步面向包括辽宁地区在内的全国海关特殊监管区域复制推广。

7. 内销选择性征收关税政策

内销选择性征收关税海关税收政策，始自《上海海关关于中国（上海）自由贸易试验区开展内销选择性征收关税业务的公告》（2014年第24号），自2014年6月30日起在上海自贸试验区海关特殊监管区域内试点，随后根据《关于扩大内销选择性征收关税政策试点的通知》（财关税〔2016〕40号）的要求，自2016年9月1日起，该政策扩展至上海、天津、福建、广东自贸试验区海关特殊监管区域内，以及河南、湖北、重庆、四川、陕西5个海关特殊监管区域内试点实施。该项税收政策创新的出台，是海关推进自贸试验区税收征管改革、赋予区内企业成品内销更多自主权的重要举措，体现了海关为促进海关特殊监管区域生产型企业升级发展的税收政策支持。

内销选择性征收关税政策试点，结合了区域内外生产型企业的双重纳税特点，扩大了区域内企业成品内销关税自主选择权。在该政策下进口原料关税税率越低，企业内销政策优惠则越为明显，企业可以通过合理税收筹划，实现减少税负、降低企业成本的目的，与内销选择性征收关税政策实施以前相比，有效提升了区域内生产型企业的竞争力。与此同时，该项海关税收政策创新，进一步提升了海关特殊监管区域的税收政策优势，进而使其成为我国地方经济增长的新的“增长极”。

8. 海关税收征管模式创新

海关税收征管模式创新，具体包括“集中汇总征税”以及“自主报税、自助通关、自动审放、重点稽核”等，分别来自《上海海关关于在中国（上海）自由贸易试验区开展集中汇总征税业务的公告》（2014年第23号）及《上海海关关于在中国（上海）自由贸易试验区开展“自主报税、自助通关、自动审放、重点稽核”改革项目试点的公告》（2014年第44号）的规定。该系列海关税收征管模式创新，通过给予企业税款缴纳方式或纳税时间节点方面给予企业更多的自主权，实现缓解企业资金压力，降低企业纳税成本，提高纳税灵活性的作用，目前已面向全国范围推广。以上海地区为例，自2014年6月启动集中汇总征税政策以来，截至到2016年8月31日，上海关区已有115家企业开展了集中汇总征税业务，累计受理汇总征税报关单3万余票，征收税款近180亿元，而仅2016年上半年就已受理汇总征税报关单1.6万票，共计征收税款100亿元，可见海关税收征管模式创新符合企业需求，政策实施效果明显。

三、辽宁自贸试验区海关税收制度创新

（一）辽宁自贸试验区海关税收制度创新情况

根据《中国（辽宁）自由贸易试验区总体方案》实施要求，以及辽宁自贸试验区设立以来海关对促进辽宁自贸试验区发展的相关税收政策创新及政策实施情况，整理如表8-5所示：

表8-5 辽宁自贸试验区海关税收政策创新实施情况

涉及领域	海关税收政策创新	所属类别	实施范围	实施情况
金融服务领域	融资租赁	新型贸易业态	海关特殊监管区域内	已实施
	期货保税交割	新型贸易业态	海关特殊监管区域内	已实施
商贸服务领域	报税展示交易	新型贸易业态	海关特殊监管区域内、海关特殊监管区域外	已实施
	平行进口车保税仓储	新型贸易业态	海关特殊监管区域内	已实施
专业服务领域	报税境内外维修	新型贸易业态	海关特殊监管区域内	已实施
	委内加工	新型贸易业态	海关特殊监管区域内	已实施
纳税服务领域	海关“三自一重”“集中汇总征税”等税收征管模式创新	贸易便利化措施	海关特殊监管区域内	已实施
	内销选择性征收关税	政策优惠性措施	海关特殊监管区域内	暂未实施

（二）实施效果分析

1. 海关税收政策创新，助推辽宁装备制造业转型发展

辽宁是我国重要的装备制造业基地，拥有装备制造业所包含的全部7大行业，在其总共185类产品中有58类居全国前六。但近年来随着我国经济发展进入新常态，辽宁装备制造业则面临着产能闲置、企业融资困难、高新技术制造业比重低等发展瓶颈。为此，通过自贸试验区海关融资租赁政策创新，一方面助推了自贸试验区融资租赁业的发展，另一方面有效解决了装备制造企业引进国外先进设备技术时

融资租赁成本高的问题。同时通过对海关特殊监管区域内企业提供装备制造产品区外保税展示交易的政策，有效减少了产品纳税资金占用等问题，提高了企业经营的灵活性。与此同时，通过海关“委内加工”、保税境内外维修政策的创新，为解决区域内制造业企业产能闲置问题，推动辽宁自贸试验区装备制造业转型发展提供重要推动作用。

2. 海关税收政策创新，推动辽宁期货交割市场发展

辽宁省大连商品交易所，作为经国务院批准的四家期货交易所之一，同时也是中国东北地区唯一一家期货交易所，长期以来在我国及国际期货市场扮演着重要角色。根据美国期货业协会（FIA）发布的对全球78家衍生品交易所期货期权成交量的统计数据，2016年大连商品交易所全年成交量为5.37亿手，排名全球第八位，而其中以豆粕期货为代表的农产品期货以及以铁矿石期货为代表的工业品期货等，均位于全球期货市场成交量的前列。为此，海关期货保税交割政策的实施，通过鼓励大连商品交易所在辽宁自贸试验区海关特殊监管区域内开展期货保税交易业务及拓展期货保税交割产品试点，推动以铁矿石期货为代表的我国期货市场向国际化迈出第一步，同时巩固了大商所在东北亚及国际期货交易市场的重要地位。该项海关税收政策的创新实施，有效促进了辽宁自贸试验区期货交割配套产业集散地的形成，为辽宁自贸试验区面向东北亚大宗商品交易中心的建设起到重要推动与支持作用。

3. 海关税收政策创新，拓展企业新型商贸业态发展

第一，平行进口车贸易。平行进口车保税仓储政策作为大连海关支持辽宁自贸试验区建设的重要举措，推动了平行进口车贸易在辽宁自贸试验区的进一步发展。早在20世纪90年代，当时被称为“大贸车”的平行进口汽车凭借大连独特的港口优势在当地兴起，因此大连地区具有开展平行进口车贸易的商业土壤与贸易基础。辽宁自贸试验区平行进口汽车保税政策的正式实施，为辽宁地区平行进口汽车产业贸易发展注入新的活力，为企业带来了明显的政策红利，既节省了企业资金占用，又可以使消费者享受到10%～30%不等的购车优惠，从而实现了买卖双方的互利共赢。以辽宁自贸试验区大窑湾保税港区为例，自2017年10月该政策实施起，截止到2018年3月21日，共吸纳平行进口汽车企业12家（其中本地车企5家，外地车企7家），经营平行进口汽车保税仓储企业5家，累计仓储平行进口汽车1684辆（其中2017年596辆，2018年1088辆），申报出区929辆，缴纳税款共计3.485亿元人民币。同时，该项海关税收创新政策的实施，也将有助于促进平行进口车贸易的辐射功能，推动自贸试验区形成集采购销售、售后服务、金融保险、仓储物流为一体的进口汽车全产业链协同运作模式，进一步助推辽宁自贸试验区平行进口汽车贸易的发展。

第二，保税商品展示交易。自海关保税展示交易政策推出以来，保税商品展示交易已成为大连海关和沈阳海关支持辽宁自贸试验区创新商贸业态发展的重要举措之一。自该政策推出以来，辽宁自贸试验区大连片区及沈阳片区分别成立了自贸试验区跨境商品展示交易中心和进出口商品展示中心。并通过采取“前店后库”的进口商品直销模式，主要经营进口酒类、肉类、服装、化妆品等生活用品，使辽宁地区消费者真正享受到自贸试验区政策红利，体验全新的进口商品购物选择。

4. 海关税收征管模式创新，服务企业营商环境优化

自辽宁自贸试验区设立以来，大连海关和沈阳海关共同推出了促进企业营商环境优化的一系列海关税收征管模式改革，具体包括“集中汇总征税”、“自报自缴”、海关“三自一重”政策等，从而实现降低企业通关成本，服务辽宁地区外贸企业发展的重要作用。其中“集中汇总征税”政策主要面向生产型企业，而“自报自缴”政策则主要面向贸易型企业，并在实施过程中赢得了企业的普遍好评。目前，该类海关税收征管模式创新主要以企业的海关税款担保为基础，但相比于南方，北方由于国企及中小型企业较多，普遍存在企业资金不足、企业运营资金利用效率低且银行融资成本高等问题。针对这一状况，辽宁地区海关经过行业调研，通过探索实施同业担保、代理公司提供总保函等形式，有效解决了该模式下企业税款担保问题，为辽宁地区企业享受海关税收征管模式创新带来的便利提供有力保障，体现了海关税收征管模式创新服务企业发展的宗旨。

第九章

制度创新篇（5）：招商引资创新

第一节　产业链招商——四川自贸试验区

四川自贸试验区的主要任务是落实中央关于加大西部地区门户城市开放力度以及建设内陆开放战略支撑带的要求，打造内陆开放型经济高地，实现内陆与沿海沿边沿江协同开放。

一、四川自贸试验区的产业链招商

（一）推进自贸试验区改革和产业升级

2017年，四川自贸试验区正式挂牌成立，四川自贸试验区的成立标志着四川省经济改革即将进入一个新的阶段，四川自贸试验区结合四川省当前产业结构特点和发展规划，提出了大力发展产业链金融的改革措施。产业链金融的创新发展成为四川省自贸试验区改革和产业升级转型过程中的核心问题。

（二）重点发展产业升级

按照四川自贸试验区总体规划方案，中国（四川）自贸试验区由三大片区组成，分别为成都天府新区片区、成都青白江铁路港片区和川南临港片区。成都天府新区片区是四川自贸试验区的主体和核心，重点发展现代服务业、高端制造业、高新技术、临空经济、口岸服务等产业，建设国家重要的现代高端产业集聚区、创新驱动发展引领区、开放型金融产业创新高地、商贸物流中心和国际性航空枢纽，打造西部地区门户城市开放高地。成都青白江铁路港片区重点发展国际商品集散转运、分拨展示、保税物流仓储、国际货代、整车进口、特色金融等口岸服务业和信息服务、科技服务、会展服务等现代服务业，打造内陆地区联通丝绸之路经济带和向西国际贸易大通道重要支点。川南临港片区重点发展航运物流、港口贸易、教育医疗等现代服务业，以及装备制造、现代医药、食品饮料等先进制造和特色优势产业，建设成为重要区域性综合交通枢纽和成渝城市群南向开放、辐射滇黔的重要门户。自贸试验区建设是四川推动“四向拓展、全域开放”的动力引擎、构建“一干多支、五区协同”的重要支撑。目前，由首创的与全国47个城市的政务服务异地互办合作，以及与乌鲁木齐、西宁开展集拼集运联动试验已经开展。与此同时，川粤自贸试验区合作机制已经建立，与甘肃的“魅力自贸链动川甘”协议已经签订。

（三）加强外向型产业引进培育

四川自贸区着力打造法治化、国际化、便利化的一流营商环境，参考世贸组织《贸易便利化协定》，世界银行营商环境“10+1”指标体系及北美自贸区、欧盟等多边制度安排，对接中国香港、新加坡、迪拜等自由贸易港区自由化便利化制度体系，多维度对标国际先进规则。同时，积极学习上海、广东等自贸试验区先进经验。在此基础上，编制中国（四川）自由贸易试验区的对标行动指南。

四川自贸试验区充分发挥自贸试验区外商投资准入“负面清单”（2018年版）的功能，落实《国务院支持自由贸易试验区深化改革创新的若干措施》，围绕“5+1”现代产业体系，持续开展“魅力自贸开放四川”链动全球活动，加强外向型产业引进培育，力争对外贸易、利用外资、对外投资等主要开放型经济指标增速高于其他内陆自贸试验区及四川全省平均水平。与此同时，四川自贸区主动融入“一带一路”建设，以中国—欧洲中心、“一带一路”国际产业园、中国（四川）—东盟自由贸易合作中心及中德、中意、新川等国别合作园区为依托，探索建设“两国双园”“多国多园”，打造南向西向开放战略中心。四川自贸区积极争取成都国际铁路港、泸州港建设综合保税区和国家开放口岸，支持蓉欧铁路港争创国家级经济开发区。加快推进“空中丝绸之路”和“国际铁海联运”双走廊建设，以期形成支撑全省立体全面开放的战略通道。

（四）加快构建标准化供应链金融

我国产业链金融出现在2003年左右，经过多年的发展，产业链金融由最初的单一质押贷款模式，发展到今天形成了以数据流、资金流、产品流为核心的各种金融创新模式。随着互联网金融的快速发展，传统的产业链金融模式又迎来了大量的创新。四川省产业发展面临着新时代的发展要求，以金融创新差异化研究为核心，着眼于自贸区金融体系创新服务四川省产业的发展，特别是对于七大新型产业进行定向支持。四川自贸区大力发展供应链金融，政府利用集团化供应链金融推动四川省产业升级转型。因为当前经济转型过程中制造业、初加工行业、大众服务业等劳动密集型产业、相对成熟的产业集团大量向中西部地区转移。四川省承接了大量规模化企业和一些大型研发企业的生产加工基地，因此可以说拥有众多核心企业，而加大对供应链金融标准化的制定，可以推动供应链金融快速发展，让核心企业带动供应链上下游等小微企业同步发展，形成产业链协同发展，迅速完成四川省产业链结构升级。

二、四川自贸区产业链招商新尝试

（一）设立自贸区先行协同区

四川省政府正式印发《中国（四川）自由贸易试验区协同改革先行区建设“6+1”总体方案》，对高质量推进各协同改革先行区建设分别做了具体安排。这是四川自贸试验区的首批协同改革先行区，全省力争到2020年，培育打造15个协同改革先行区。方案中，明确了八大重点任务：联动推进核心制度创新、率先复制推广改革经验、赋予更大改革自主权、协同建设对外开放平台、构建立体全面开放新格局、发展更高层次开放型经济、构建特色现代产业体系、提升区域互联互通水平。如果说自贸试验区是国家赋予改革任务的“试验田”，那么协同改革先行区就是自主探索的四川“试验田”。除了涉及中央事权的改革，需要报相关部委同意，其他各方面都参考自贸试验区进行，给予了自贸试验区更大的宽容度，从而进一步推动四川开放“转型”，促进经济高质量发展。

八大重点任务核心点是开展制度创新，探索全面深化改革和扩大开放新途径、新经验。过去招商拼优惠政策，现在拼的是制度环境。在产业制度创新方面，自贸试验区涉及较少，而协同改革先行区把国际通行的经贸规则、把新的开放理念在更大范围传播开来，让更多地区能借此反观自己差距、痛点。四川省政府在政策方面给予了协同改革先行区强有力的支持。自贸试验区承接省级管理权限，将实施“自贸红利进园区”专项行动，现已下放给四川自贸试验区的142项省级管理权限，都将下放给协同改革先行区。比照四川自贸试验区，同步承接省级管理权限，从而获得制度创新探索方面的空间和活力。

通过协同改革先行区建设，各地将深化差异化探索，既聚焦投资、贸易、金融、创新创业、政府职能转变等共性制度试验，又着眼本地资源禀赋和发展潜力，紧扣四川万亿级支柱产业及数字经济，推动产业优势互补、协调联动、错位发展。同时，各地将突出协同开放发展。德阳、资阳、眉山主要强化与自由贸易试验区成都区域协作，推动“成德眉资”一体化发展，从而带动其他经济区梯次发展。自贡、内江主要强化川南经济区四市协作，发挥川渝滇黔结合部优势，探索南向开放新模式。

（二）发展动能：求新求变释放经济增长潜力

在成都高新综合保税区双流园区推行“7×24小时”全时预约通关，货物随时到达、随时申报、随时查验，全天候保障综保区内企业的通关需求。跨境电商蓬勃发展，业务量也是成倍增长。双流综合保税区让企业以免税的形式保存进口货物，为跨境电商的商品流通提供了便利。

双流综保区倾向于引进产业主要是服务地方经济发展需要。双流区致力于打造“航空之都”，双流综保区侧重引进航空业相关产业链，还有一些环境污染小、附加值高的产业，引进的企业要在行业内有一定地位，能起到示范带动作用。双流综保区先后引进了仁宝电脑、纬创资通、四川国际航空发动机维修、川航APU航空动力装置维修等大型企业。2020年上半年，双流综保区实现进出口总额284.4亿元，同比增长20.20%；实现电脑产量824万台、产值237.29亿元，分别同比增长

38.90%、23.07%；维修航空发动机84台，维修收入20.4亿元。

四川省低空空域协同运行中心也在实行改革。以前的空域使用较复杂，申请飞行流程多时间长，空域的资源没有得到很好利用。现在四川划定了几个低空试点空域，简化了申请流程，完善了安全保障，为更多企业和个人提供飞行服务。低空空域资源盘活后，带来了很大的经济效益，无人机航拍、旅游观光、兴趣体验等产业都能得到发展。从2018年12月首飞以来，四川低空试点空域已吸引了全国上百家通航企业前来试飞。

（三）大招商带动大发展

通过制度创新和产业发展“双轮”驱动，才能实现四川自贸区川南临港片区发展的战略目标。为了促进自贸区的发展，川南临港片区揭牌运行后，拟建立100亿元基金用于自贸试验区产业发展和基础设施建设。目前已由泸州市国有的兴泸基金公司与郎酒集团下的郎信投资公司各拿出10亿元，共20亿元成立劣后级川南临港基金，并将向社会融资拟筹80亿元优先级基金，拟定总规模为100亿元的产业基金，也希望通过参与自贸区建设，把中国知名的酒类企业向更多的海外朋友推荐，为中国建设酒业自贸区打下基础。

基金通过股权、债权或股债联动等方式支持川南临港片区投资建设项目。还将综合运用多种金融工具，实现基金保值增值和可持续发展。这种“股权+债权”的基金投资模式符合自贸区金融改革内涵，相对来说更加安全，吸引民营资本参与自贸试验区产业发展。引入社会资本在自贸试验区内设立100亿元产业发展基金，将为自贸试验区产业发展和基础设施建设提供资金保障，助推四川自贸区川南临港片区产业发展。四川泸州白酒、电子信息、新兴产业“三大千亿产业”开展重点突破，重点关注世界500强、中国500强和民企100强等重点企业，引进一批带动性强、影响力大、具有方向性和关键性的重大产业化项目，突出产业招商、园区招商、招大引强。

三、推动四川自贸区招商的建议

（一）立足现有优势，发挥辐射效应

成都市政府应该充分发展成都现有四点优势建设自贸试验区。一是保持基本面优势，为自贸试验区招商引资与内部企业发展提供良好的经济发展环境。二是利用现有区位优势，一方面，结合“一带一路”倡议，推动开放型经济平台建设，加速发展中德、中韩、中法、新川等国际合作园区，深度参与孟中印缅经济走廊，促使成都经济与全球贸易投资网络深入对接，力争成为面向欧洲、南亚、东南亚、中亚及中东的国际交流门户和开放前沿；另一方面，加快与“一带一路”共建国家的产能合作，尤其是新能源方面，利用物流优势加速成为中西部与国际动能产能中转枢纽。三是强化创新优势，继续鼓励科技创新成果转化和支持优质人才储备计划，以优质政策和基础设施吸引并促进更多的高技术型国际创业，将“成都创造”与国际创新前沿接轨。四是发挥产业优势，优化潜力产业，尤其是中高端服务业，推动加工贸易转型升级，将相关产业纳入全球供应链，完善产业链和相关配套设施，推动多个经济区协同发展，取优补缺。成都不仅要立足自身优势，还需充分发挥辐射效应。将可复制的优质经验辐射推广到周边城市，即绵阳、泸州、内江、自贡等，同时，需以点带面，通过四川自贸区高频的国际互动来带动中西部地区一系列优势产业参与“一带一路”倡议，譬如航空航天、电子信息等领先行业。

（二）选址因业制宜，推进多方合作

压力测试是自贸试验区的重要功能，但容易出现选址失误等问题。一方面，产业的规模不同，需要的面积也相异，四川省在2014年提交的方案文件中提及试点区域为8.77平方公里，而上海自贸区为28.78平方公里，这对于中高端制造业来说，面积太小，即使测试也无法测出风险。另一方面，产业需要的地理区位也相异，尤其是部分金融业和服务业，若不设立在市中心测试则很难有实际效果。因此，需要谨慎对待之前四个自贸试验区常用的片区概念，以相关产业的特色来决定其选址区位与面积大小，释放压力测试和改革高地的应有效果。合作上，一方面虽

然首片自贸试验区地址定为天府新区，但仍然需要在与其他经济或技术特区譬如成都高新区、成都科技城的互动中发展，推动省内均衡发展；另一方面，四川自贸试验区与其他自贸试验区可互联互通，尤其是重庆自贸试验区，应把握自我特色与发展重点，进行错位发展而非简单模仿。

（三）补足交通阙漏，完善相关制度

虽成都交通设施相当发达，但仍然在陆运的直达度与河运的便捷度上不足，譬如从成都出发的蓉欧快铁需要在阿拉山口重新编组。因此，成都在推进四川自贸试验区发展与建设的过程中，重点要推动铁路与船运贸易便利化，增加更多一类口岸。制度和政策方面也远非完美，需要成都市政府做好制度创新、政策优化的工作，尤其是绿色“一带一路”与环保自贸区的规定制定、有关知识产权保护和企业融资的法规规范化、与新兴经济体之间贸易便利化的政策优化方面，避免出现自贸区政策制定出现“新瓶装旧酒”的问题，同时结合自身实际，继续推动通关一体化、金融与服务业进一步开放。

第二节　多渠道招商——福建自贸试验区

福建自贸区以开放促进改革，进而推动体制机制创新，用创新的机制进一步打开外商投资的大门，把福建自贸区建设成为改革创新的试验田。其战略定位突出两个特色，一是对台特色，二是融入国家“一带一路”倡议布局。

一、福建自贸区的招商策略

（一）两岸经济合作的示范区

福建自贸区最突出的特色是“对台”，在福建自贸区总体实施方案中，多个项目仅对台开放，争取率先实现区内货物和服务贸易的自由化。其中，已确立88项机制创新试验项目，其中对台项目20项，确立98项扩大开放试验项目，其中62项仅对台开放，涉及海关通关模式、投资贸易、金融开放创新等多方面，有利于两岸在投资贸易、人才交流等方面的往来，有利于两岸经济在多领域、多方面共同发展，为两岸合作创造新平台。

福州先行先试，在金融业、旅游业、高新制造业等多个产业领域与台湾省融合对接，积极吸引台商来福州投资，带来先进的生产和管理经验以及高技术人才，帮助福建产业结构升级。福建自贸试验区的“一片三区”按各自功能定位的不同与台湾对接。例如厦门的东南国际航运中心可与台湾省众多自由港对接，平潭片区在已有旅游业发展的基础上对接台湾省的旅游休闲产业，在合作中探索和创新对接方式上，吸引台湾省各类产业前来投资落脚，深化闽台合作融合，带动两岸产业发展，辐射其他相关产业的发展。

（二）实现两岸产业互补

闽台两岸通过合作能够实现产业互补，尤其是在第三产业领域的合作具有十分广阔的发展空间。台湾省的第三产业较为发达，占GDP比重70%左右，已达到发达国家的发展水平；而福建第三产业占GDP比重偏低，为40%左右，第三产业相较于台湾省仍有很大发展空间。双方进行产业转移和对接能够优化福建第三产业结构，加快服务业发展。在第一产业方面，台湾省劳动力成本高，农产品价格较高，而福建的初级农产品价格较低，较有竞争力，并且在以往的合作中，闽台两地农业领域的合作处于领先地位，2015年上半年，福建新批台资农业项目有26个，闽台农产品贸易额突破7亿美元，截至2014年，福建自贸试验区有包括漳浦等六个国家级台湾农业创业园，两岸在农业合作领域的空间巨大。第二产业方面，台湾省高科技产业发展成熟，逐步转型为知识密集型等方向，而劳动密集型工业在福建工业中所占比重偏大。福建自贸试验区可以依托优惠政策增强对台在制造业领域的吸引力，通过两岸的产业互补，促进双方产业结构优化升级。

（三）成为海上丝绸之路开放合作的新高地

福建作为海上丝绸之路的重要起点，有着深厚的历史渊源，作为与东盟往来联系的“窗口”，同时也是中国与亚太地区联络的重要窗口，基础条件扎实。福建与东南亚尤其是东盟之间经贸关系稳固，东盟是福建的第二大贸易伙伴和闽企对外走出去的重要地区。“海丝”战略的核心是加强福建与“海丝”沿线国家之间的交流与合作，东盟是“海丝”之路的必经之地，福建结合良好的地域优势，和闽地众多华侨的优势，积极深化与海上丝绸之路沿线国家之间在经贸、文化、科技、航运建设等方面的全方位开放合作，主动融入“海丝”之路的建设，推进两地在多方面的升级合作。

（四）与东盟合作日益频繁

近几年来，随着中国—东盟自贸区建设加快推进和各项措施的出台，福建与东盟经贸往来更加频繁，贸易规模持续扩大。福建与东盟各国在经济结构、要素资源方面各具特色，双方互补性强，经贸合作潜力巨大。加强对东盟贸易自由化，可以实现优势互补。从2010—2014年这五年，福建与东盟双边贸易额不断增长，尤其是2010年中国—东盟自贸区成立后，福建对东盟的出口更是呈现高速增长。东盟不仅是福建“走出去”的窗口，也是“引进来”福建发展的重要合作伙伴，双方之间的投资贸易合作遍布多个行业，并且东盟已经成为福建重要的入境旅游客源市场，人员往来密切。福建自贸区在现有的对东盟的投资贸易基础上主动融入“海上丝绸之路”战略，能够进一步拓展与“海丝”沿线国家和地区的交流合作，打造21世纪海上丝绸之路沿线国家和地区开放合作的新高地。

二、福建自贸区招商创新尝试

福建自贸区的福州片区的特色在于借助“海丝”门户的地位，积极建设成为沟通东南亚地区的重要交通枢纽、产业集聚地，并且福州片区还将结合福州新区的发展规划，重点发展生物科技、现代金融等产业，积极与台湾省合作，尤其是现代服务业和高端制造业方面的交流合作促进福建的产业转型升级以此增强产业实力，为承接台湾省产业转移打好基础。

福州经济技术开发区产业结构以工业为主，是制造业、高新技术产业、战略性新兴产业等集聚的区域，其将强化两岸高新产业合作、服务贸易合作，重点发展信息、环保等先进制造业，突出海洋经济合作等，建设成为“海丝”的核心先行区。其中，快安区块主要发展金融行业（银行业）和高新技术产业、保税展示交易；马江区块围绕中国船政文化，重点发展文化创意产业，其定位为21世纪海上丝绸之路重要经贸平台和创意文化产业园；琅岐区块被功能定位为发展对台旅游产业，发展旅游、教育培训等产业；南台岛区块大力发展会展专业化产业，突出金融创新；长安区块重点发展保税仓储物流、加工贸易。

在福州经济开发区中，海洋经济成为对外开放的新亮点。马尾区有全国最大的海产品交易市场——马尾海峡水产品交易市场，年交易额超300亿元，规模居全国第一。2014年在马尾成立了“中国—东盟海产品交易所”，体现了福建自贸区建设与“海上丝绸之路核心区”的高度融合。福州保税港区是全国离台湾省最近的保税港区，在其天然深水港的基础上充分发挥优势，对接台北、台中自由经济示范区，是发展对台经贸、承接台湾省产业转移的最佳基地。依托优惠的政策和良好的地理位置，福州保税港区积极拓展国际贸易、保税仓储、出口加工、商品展示和对台经贸功能，促进了经济发展，在服务福建外向型经济发展中发挥了重要的“枢纽”作用。其包含两个区块：新厝区块功能定位为先进制造业，侧重于对台汽车为主的维修、研发以及保税加工贸易，飞机营运维修，融资租赁；江阴区块功能定位为发展国际航运物流、保税物流和仓储、整车及零配件进出口贸易等。

（一）推进行政服务便利化改善营商环境

福建自贸区建设不再仅仅是出台优惠的政策吸引各国（地区）企业前来投资，而是把制度创新作为亮点。自贸区功能的实现主要依赖于营商环境、投资贸易、财税、金融这四个方面的政策。当前面对国内国外的激烈竞争，营商环境的优劣将深刻影响自贸区内企业集聚的能力、企业经营效率，影响着资本、高端人才等要素资源的集聚，这是决定一个地区或国家在全球经济、技术贸易中能否开展合作的重要因素，构建有竞争力的营商环境是保障外商等企业在自贸区内享受贸易、投资自由化和便利化的重要前提，所以福建在建设自贸区时把改善营商环境当作重点来抓。

在转变政府职能方面，厦门片区率先推行“多规合一”城市治理体系，建立统一的空间规划信息管理平台，共享规划信息，解决多种规划的冲突矛盾，从而减少厦门片区在改革中的阻力，向服务型政府转变。厦门片区率先建设国际贸易“单一窗口”并率先推出“三证合一、一照一号”的商事登记改革模式。“单一窗口”实现了“一个窗口、一个平台、一次申报、一次办结”。“单一窗口”可以办理多个部门的事项审批，汇集海关、检验检疫部门、边检等众多部门，能够有效简化办理程序。“一照一号”率先建立开放式网络信息平台，使操作程序简单、公开、透明化，缩短了审批时限，有助于让企业“跑步”入驻自贸试验区。平潭片区率先对台企试行“台商协会总担保制度”和企业联络登记制度。

台商协会的会员企业，只要缴纳一定保证金，就可以享受由台商协会提供的总担保，担保的安全性和有效性明显提高；企业联络登记制度改变了以往传统的商事登记制度要求注册企业一律提供房产证或者房屋租赁合同等证明的做法，大大简化了注册手续，降低了准入门槛，为创客群体解除了束缚，降低了创业风险。福州片区内的企业设立登记时，可同时申领电子营业执照，且实行零收费，这在全国自贸区尚属首例。电子营业执照是企业的网络身份，记载企业各项基本信息，能够促进企业在经营时树立诚信经营形象，并为企业节约商务成本。厦门检验检疫局公布了《台湾地区输大陆食品快速验放促进计划》，在“同等有限、适当放宽、风险可控”的原则下，将对台湾省输入大陆的食品采取“源头管理、结果采信、抽查验放”的检验监管新模式，对加入计划的台湾省输入大陆食品实行口岸快速验放。2015年2月5日，平潭片区率先推出《平潭综合试验区商事主体名称自主选用管理办法(试行)》，实行商事主体名称“自助查重、自助选用”，改变以往企业选名称要预先核准的程序，转为申请人自己上网查重选用，并对自助选用的名称负责。“商事主体名称自主选用”是对传统“名称预先核准”的突破，属全国首创，使申请人获得便利，也节约了行政资源。福建海关出台多项措施方便自贸区企业通关，例如“先进区、后报关”“统一备案清单”“智能化卡口验放管理”等，确保在海关监管安全的前提下，给予自贸区的企业通关便利。2016年4月11日，《市场准入负面清单草案（试点版）》在上海、福建、天津、广东四个省市试行，福建自贸区在市场准入管理体系上将拥有自贸区负面清单和市场准入负面清单双重制度依据。

（二）优惠的投资贸易政策

优惠的投资贸易政策是保持自贸区对国内外企业和投资者持久吸引力的重要政策措施，要实现这个目标，就需要及时调整投资贸易政策，建立与国际高水平接轨的投资贸易规则，以投资贸易便利化机制创新促进区内有利于企业发展的政策真正“落地”，营造自由化、便利化的投资贸易环境。便利化、自由化的投资贸易政策主要有改革外商由核准制向备案制转变、“单一窗口”建设、负面清单管理模式、无纸化通关、原产地准则、投资环境软硬件配套措施等一系列涉及海关、检验、外汇等部门的改革事项。2015年5月出台的《海关总署关于支持和促进中国（福建）自由贸易试验区建设发展的若干措施》中提出了包括创新海关征收方式、实施内销选择性征收关税政策、支持跨境电子商务、促进对台贸易便利化、支持发展两岸航运业务等25项措施，并分三批次推出了可复制创新成果的贸易便利化措施，极大方便了三个片区。福建自贸试验区的投资贸易政策在三个片区基本都适用，有些政策还在某个片区试点实施，待成熟后将进一步推广至三个片区。

（三）国际贸易和国际物流推进内外联动

厦门率先试运行两岸海运快件业务，其作为两岸“三通”中“通邮”的升级版，标志着两岸海运快件业务正式开通，拉开了厦门口岸对台海陆空全方位的快件运输格局。建立海运快件有利于助推两岸跨境贸易进一步深化合作和便利。福建自贸区首创进出境邮件“移动式”通关模式，实现海淘商品“门到门”服务。厦门海关创新研发“进出境邮件通关辅助系统”、厦门邮政“进出境邮件申报平台”，运用“互联网+”思维创新监管模式，收件人可通过平台操作了解邮件的动向，并实现网上缴税等，办事效率极大提高。发展航运业务，加快国际船舶登记制度创新，充分利用现有中资“方便旗”船税收优惠政策，促进符合条件的船舶在区内落户登记；通过该项制度创新，吸引中资“方便旗”船舶“回籍”，使更多的国际资本船舶落户自贸试验区，促进福建物流业发展壮大。在厦门片区建立“东南国际航运中心总部”，发展航运物流，保税物流，服务外包等现代临港产业，构建高效的物流网络，壮大区域性航运服务。厦门片区作为“海丝之路”的起点，开设厦蓉欧货运班列，其作为全国首个直达自贸试验区的欧洲班列，大大缩短了运输时间和运输成本，填补了厦门没有铁路直达欧洲的空缺，提升了福建自贸试验区的国际物流运输力、货运流通量，有利于福建自贸试验区融入“一带一路”建设和内外联动，加快建立与国际接轨的运输线路。

（四）贸易和投资便利化吸引招商

鼓励融资租赁。进一步设置宽松的融资租赁政策。福建省政府发布《关于支持福建自贸区融资租赁业加快发展的指导意见》，要求拓宽境内外融资渠道，在自贸区内逐步开展飞机、航空航材、船舶的融资租赁业务。成立厦门两岸商品交易中心，作为福建自贸区大宗商品交易场所，促进海内外商品互通，服务实体经济，为福建的国际贸易往来提供良好交易平台。两岸在医疗、通信、旅游等行业进一步开放，依托电商平台，实现两岸在网购平台、电商物流等方面的合作新模式。推进各项制度创新和政策优惠吸引台湾省先进制造业和成熟的新兴产业来自贸区集聚，支持两岸在新兴产业、科技行业等深化交流合作。开展两岸货物通关、“经认证的经营者”等方面的合作，推动逐步实现信息互换、执法互助；开展两岸货物原产地证书核查等方面合作，对来自台湾省的药品、保健品、护肤品等将管理权限下放至省食药监局。福州检验检疫局创新实施“统一申报、集中查验、分批核放”的检验检疫监管模式，同时配套设立高等级实验室，降低企业成本、提高通关效率。平潭创新检验检疫监管模式，有三项是平潭独创，分别是“试点采信台湾认证和检验检测结果”“对平潭与台湾之间进出口商品原则上不实施检验”以及将从平潭口岸进口的来自台湾省的水生动物的检疫审批权下放至福建省检验检疫局，试行动植物及其产品检疫审批负面清单制度。对海关特殊监管区货物实行分类监管。厦门片区改变以往围网做法，采取信息化手段，以“电子围网”对区内进行监管，简化了监管流程。另外，对符合条件的区内企业在报关、检验、放行、归档等环节实行通关无纸化操作，全程电子化，使企业足不出户就可通关。改革外商投资管理模式，探索对外商投资实行“准入前国民待遇+负面清单”管理模式。在该制度框架下，外商投资准入从核准制变为备案制；强化外商投资实际控制人管理，完善市场主体信用信息公示系统。构建对外投资促进体系，支持区内企业和个人使用金融资产进行对外直接投资、自由承揽项目，建立对外投资合作“一站式”服务平台；企业实行年度报告公示制度、企业经营异常名录制度和企业监管信息共享制度。

三、推进福建自贸试验区招商的建议

福建自贸试验区要立足区位优势与产业基础，立足对台经济合作，引导三个片区面对经济发展新常态、国家实施“一带一路”与福建建设海上丝绸之路核心区战略、中国制造2025福建行动计划等要求，注重区域与产业统筹，有序引导产业分工合作，促进三个片区差异发展；加强自贸试验区三个片区内功能和空间合理分工，促进区内外联动发展，在更大范围发挥自贸试验区带动效应。

（一）科学分工引导三个片区差异化发展

目前三个片区发展重点主要集聚在国际贸易、航运、物流、金融、高端制造、旅游等产业，产业趋同现象比较突出。如港口建设，平潭、福州（江阴）、厦门海沧、东渡港区等功能相近，特别是平潭与江阴，因地域较近易产生内部竞争，弱化整体优势；三个片区都在规划建设跨境电子商务产业园区、保税展示交易中心等，而对文化创意、文化保税、工业设计等产业发展不足，在引领福建产业转型升级方面显得不足。为此，建议各片区在充分考虑自身优势的同时，更多考虑不足与劣势，围绕各自功能定位，做好产业规划，特别是福州片区，涉及马尾、福清、仓山，做好各区块差异发展至关重要；策划招商项目，推动各片区差异发展，形成福建自贸试验区发展特色。

（二）整合提升引导三个片区联动发展

强化三个片区特别是厦门、福州片区联动发展，促进自贸核心区联动发展区、功能辐射区协同发展，如自贸区与临港地区规划联动发展、产业联动发展；自贸区重点发展总部经济、研发创新、金融服务等，把生产制造、仓储运输等环节放到区外，拓展自贸的承载空间；探索“区内注册、区外运营、加强监管”制度，促进自贸试验区政策向区外延伸拓展。同时，各片区也要考虑整体推进发展，如平潭自贸高新技术产业园区，招商引资难度较大，应在吸引台湾省生技产业引资方面有较大突破；福州琅岐自贸区2平方公里内，要加快旅游、生态产业发展，促进自贸园区整体协调发展。

(三) 推动闽台产业共同发展

1．港口物流合作发展

福建沿海地区拥有一批港口群，全省深水建港自然岸线311公里，初步形成大中小泊位相结合，集装箱、散货、石化液体等专业化码头泊位相配套的港口群，形成了畅通便捷的集疏运航运网络，“大港口”格局初现。从台湾省看，其四面环海，海岸线长1600公里，主要国际商港有高雄、基隆、台中、花莲、苏澳、台北。因此，推进闽台港口物流合作，要加强对台湾省第三方物流企业招商，重点推进与台湾省物流龙头企业（大荣货运、东源物流等）的战略合作，鼓励闽台物流企业通过多种形式进行重组，有效整合闽台港口物流资源，培育一批具有较强竞争力的港口、物流企业，并以港口物流合作带动电子商务、观光旅游业发展。

2．投资贸易合作发展

要积极探索闽台产业在自贸区合作新模式。对台资企业在产业扶持、科研补助、品牌建设、市场开拓等方面，试行与内资企业享受同等待遇。推动台湾省先进制造业、战略性新兴产业、现代服务业等优势产业在区内集聚发展，重点承接台湾省集成电路、平板显示、数控机床等产业转移。支持自贸区内品牌企业赴台湾省投资，促进闽台产业链深度融合。探索闽台合作研发创新，合作打造品牌，合作参与制定标准，拓展产业价值链多环节合作，对接台湾自由经济示范区，构建双向投资促进合作新机制。

3．货物贸易合作发展

要积极创新自贸区监管模式，提高贸易便利化水平。除国家明令禁止进口的商品外，对区内进口原产于台湾省的商品简化手续、取消限制性规定。对台湾省输往大陆的农产品、水产品、食品、化妆品和花卉苗木等产品试行快速通关模式。简化从台湾省进口保健食品、医疗器械、中药材和中药饮片的审批手续。完善对台小额贸易管理办法，建立闽台通关合作机制，开展货物通关、贸易统计、原产地证书核查、AEO 互认、检验检测认证等方面的合作，逐步实现信息互换、执法互助、监管互认。

4．金融合作发展

要建立与自贸区相适应的账户管理体系，促进跨境贸易、投融资结算便利化。在平潭、厦门对台小额贸易市场范围内设立外币兑换机构，扩大清算机构范围，将厦门建设成为两岸货币清算中心。对自贸区内台湾省金融机构向母行（公司）借用中长期外债实行外债指标单列，并按余额进行管理。降低台资金融机构准入和业务门槛，提高参股中资金融机构持股比例。允许台湾省银行在自贸区内设立的经营性机构经营人民币业务，吸收人民币存款不受额度限制。在自贸区内设立闽台合资证券公司，台资持股比例可达 51%；可设立台资持股比例达50%以上的合资期货公司、基金管理公司、证券投资咨询公司。

5．电子商务合作发展

要把握两岸通邮契机，促进两岸电子商务和物流配送服务的协同发展。依托“海峡电子商务物流运筹中心”，构筑两岸商品电子交易平台，建设集闽台商品展示、物流配送、追溯认证、信息服务、电子交易于一体的物流电子通道，实现商贸、物流信息的交流、共享。加快自贸试验区两岸电子商务物流园区布局，发挥平潭、厦门、福州两岸邮政、快递业先行优势，在自贸区建设跨境电商物流园，在厦门、福州保税港区与出口加工区建立跨境电商进口、出口保税仓库，引进跨境电商龙头企业，开拓产品分销渠道以及相关的货代、报关、仓储配送等服务，加大拓宽电子商务物流的流通速度与集散渠道，重点完善物流节点与网络建设，提升流通、承载与服务功能，形成集物流、展示、办公、人才为一体的跨境电商产业园区。

第三节　精准招商——上海自贸试验区

上海自贸试验区对上海乃至全国的改革开放和经济发展都起到了至关重要的作用，也受到许多因素的影响，主要包括发展战略和目标、选址、产业和空间结构、管理和开发知识、投资和优惠政策。上海经济特区的发展阶段与国家和地区的战略发展目标以及中国和上海改革开放的进程是同步的，这种一体化确保了这些地区得到国家和地方政府的充分支持。

一、上海自贸试验区的精准招商

与中国其他地区一样，上海所有的经济特区都被用来试验新的改革和新的发展模式。开发区和浦东新区在土地、税收、金融、劳工、移民、海关等方面进行了改革，这些改革帮助中国政府获得了发展市场经济的宝贵经验，并随后在全国推广。上海自贸试验区试点通过更简化的行政程序，进一步改善商业环境，并放开贸易和金融等服务业。

（一）营造积极的商业环境

上海自贸试验区提供了完善的基础设施，如道路、水、电、海港和机场，达到了国际标准，并易于进入国内和全球市场。园区还提供高效的公共服务（如一站式服务）以及财政和非财政激励措施。在许多国家，运输和通信系统的不便以及能源和配套设施的不足降低了生产效率，抵消了低成本的优势。因此，自贸区只应建立在理想地点，这样，开发建设的集中基础设施将满足国内外投资者的基本生产需求。2019年8月，我国增设上海自贸试验区临港新片区，如今全国21个自贸试验区从北到南、从东部沿海到西部内陆，组成对外开放的雁阵格局。上海自贸试验区临港新片区强调要打造“更具国际市场影响力和竞争力的特殊经济功能区”。临港新片区《方案》重点提出了“五个自由”，即投资自由、贸易自由、资金自由、运输自由、人员从业自由，标志着自贸试验区建设从量变到质变的飞跃，在推动由商品和要素流动型开放向规则等制度型开放转变方面，继续发挥着“探路”作用。

（二）以改革为导向进行产业升级

上海自贸试验区和其他自由贸易试验区之所以成功，一个原因是它们都是以改革为导向，这可能是它们在中国和东亚地区特别成功的最重要因素。自由贸易区的目标之一是克服法律和政策方面的商业环境限制，以及政府服务效率低下和协调不力。因此，尽管不可能在全国范围内进行改革，但自贸区的举措提供了一种展示改革力量的方法——产业升级与溢出效应。一般来说，各国从低成本制造和加工贸易开始，然后逐渐向高端制造业和服务业转移。因此，转型期国家可以从建立风险可控的制造业自由贸易区开始，逐步向以贸易和服务业为导向的自由贸易区或高新技术园区发展。但是想要实现产业升级的目标，自贸区需要提供市场化的技能培训和技术推广服务。同时，可以通过当地供应商方案和鼓励外国直接投资项目向当地公司提供培训、技术和专门知识来最大化外国直接投资的溢出效应。

（三）加强系统与联动整合资源

新冠疫情暴发，进一步加剧“百年未有之大变局”的演化，推动形成以国内大循环为主体、国内国际双循环相互促进的新发展格局，将是我国发展战略转型的根本遵循和长期方向。上海自贸试验区作为我国自贸试验区的先行者、排头兵，理应在构建国内国际双循环新发展格局中发挥龙头的引领示范作用。2019年11月，习近平总书记在上海考察时对临港新片区建设提出了“五个重要”的新要求，要求临港新片区要“努力成为集聚海内外人才开展国际创新协同的重要基地、统筹发展在岸业务和离岸业务的重要枢纽、企业走出去发展壮大的重要跳板、更好利用两个市场两种资源的重要通道、参与国际经济治理的重要试验田”。在国内国际双循环尤其是强调以国内大循环为主体的发展格局下，上海作为国内国际双循环的中心功能将日益突出，而上海自贸试验区应成为两大中心的核心链接并发挥重要作用。依托自贸试验区制度创新优势和开放优势，上海提前谋划入境旅游和购物消费，培育和发展高信用的中高端电商平台，打造面向全球的奢侈品消费中心，将上海打造为与纽约、巴黎、东京媲美的国际一线消费中心城市。

（四）加强区域协同吸引投资

上海开放能级和国际竞争力的提升注定离不开区域协同。在服务于长江经济带高水平开放方面，上海自贸试验区要发挥其对外开放新窗口优势，成为国际先进要素加快流入和国内高端要素高质量“走出去”的平台和载体。尤其是当前全球化可能面临重大挫折，疫情将加剧全球产业链本地化、区域化和分散化趋势，在我国提出双循环的新发展格局下，上海自贸试验区要发挥联动效应，带动长江经济带上更多的城市多点开花，成为面向亚太或者东南亚的区域中心、国内的重要功能中心。例如，上海定位为全球的国际经济、金融、贸易、航运、科创、消费中心，同处长三角的杭州可以重点打造面向亚太的国际消费中心，南京打造为面向亚太的科创中心，苏州则可能成为面向全球的制造和服务中心，成都、重庆是我国面向“一带一路”倡议对外开放的枢纽，昆明是辐射东南亚南亚的区域性国际中心城市。在国内大循环方面，成都、长沙、南京都是全国重要的消费中心城市，合肥、武汉、南京、成都是全国具有重要影响力的科创中心，重庆、武汉、南京则可以建成长江航运中心，成为长江流域集装箱运输体系的重要节点、大宗物资和集装箱运输的江海联运枢纽。这些地区的自贸试验区可结合其城市发展定位，通过开展重点功能、重点产业、服务于重点要素流动自由化和便利化的制度创新举措，打造成为辐射周边区域高质量发展和对外开放的高地。

二、上海自贸区精准招商新尝试

（一）服务于长江经济带高质量发展

上海自贸试验区自成立以来，利用制度创新优势建立国际贸易“单一窗口”、自由贸易账户、境外投资服务平台等，推动长江经济带深度融合发展，集聚辐射效应正在逐步显现。下一阶段，上海自贸试验区不仅要在现代产业、特殊功能、国际人才、高标准规则方面发挥引领和示范作用，更要在资源配置、服务全球上，创新区域协调机制，增强世界级功能，同长江经济带建设有机融合，在各区域间形成化学反应，扩大全球影响力。打通多式联运瓶颈，畅通黄金水道物流大循环。促进国内大循环，需要物流体系的提质升级，多式联运就是重要的升级手段。目前长江经济带综合交通网建设仍有较大缺陷，特别是铁水、空铁、公水等尚未实现有效衔接，综合交通枢纽建设亟待加强。跨区域、跨部门、跨运输方式之间的信息共享、服务融合、协调沟通不够，无法精准匹配多式联运各环节的运力资源和货源。上海自贸试验区要发挥龙头作用，协调推动相关部门打通多式联运大循环的痛点、堵点，加快长江多式联运的标准规范统一、数据接口统一、服务模式统一，优化长江物流公共信息平台和国际贸易“单一窗口”功能，完善长江沿线港口和其他内河集装箱港口启运港退税、保税物流等政策措施，探索区块链在多式联运单据创新中的应用，建设长江经济带船舶水污染物联合监管与服务信息系统，提升口岸通关便利化水平。

（二）加大金融创新开放力度

上海自贸试验区是我国金融开放领域的前沿阵地，未来要抓住上海建设国际金融中心的重大机遇，试行更加开放、更加便利、更加自由的金融政策，加快人民币国际化进程。为了更好服务长江经济带实体经济发展和投资贸易便利化，上海自贸试验区依靠贸易融资资产跨境转让业务、外债便利化额度试点，可为长江经济带高科技企业拓宽融资渠道，满足企业境内外、离在岸、本外币多种融资方式相结合的融资需求。重点研究商业银行为长江经济带企业提供绿色贷款，发行绿色债券，探索绿色产业担保、绿色 ETF 基金等新模式，通过促进长江经济带区域股权交易中心积极与科创板对接，完善区域多层次资本市场体系发展，积极推进新能源汽车产业群、集成电路产业群和生物医药产业群的创新企业在科创板发行上市。上海自贸试验区设立国际大宗商品交易和资源配置平台，开展能源产品、基本工业原料和大宗农产品国际贸易，有利于长江经济带形成完整的大宗商品交易生态链。

（三）促进保障国内国际双循环

上海自贸试验区应该对标国际高水平贸易投资规则，以制度型开放加强规则对接，建成具有较强国际市场影响力和竞争力的特殊经济功能区。上海站在全国对外开放的前沿，应主动对标国际最高标准经贸规则的难点和焦点进行探索尝试，只要是符合我国改革方向和风险总体可控的，可争取国家部委先行试点形成突破口，积极探索形成一整套可复制推广的经验。比如，可通过探索跨境服务贸易负面清单，以投资形式（商业存在方式）提供的服务开放问题基本得到解决，探索对跨境交付、境外消费、自然人流动三种服务提供方式扩大开放的途径和举措。适度放开出入境免税购物限制，促进入境旅游消费。推动合格外籍人士申请永久居住、商务人员临时入境，并尝试与投资挂钩的永久居住申请机制。研究破解数据知识产权司法保护难题，加大对数据的司法保护力度，对自贸试验区建立数据安全管理机制、开展数据跨境流动试点司法保障。在上海自贸试验区的经济管理中，保持国有企业与民营企业竞争中立，实现自贸试验区内国企和民企竞争环境一致性。上海自贸试验区可在国有企业改革试点工作中先行先试，特别是在混合所有制试点、国有资本投资运营公司试点等方面走在前面，为全国范围的改革积累经验。

（四）金融产业投资促进平台上线吸引投资

上海自贸区金融产业投资促进平台自2020年9月2日正式上线。此次上线的上海自贸区金融产业投资促进平台，在建设和试运行期间就已经小试牛刀：区金融局通过数字化、线上化赋能，对传统招商流程进行了再造，创新开展“不见面招商”，在推进项目开发的同时，也有效促进了新区的金融招商工作，有效应对了新冠肺炎疫情带来的严峻挑战，1—8月引入持牌金融机构20家，圆满完成既定目标。

平台做活招商机制、做优营商环境、提升招商效率、扩大招商动能平台，通过信息共享、资源整合体现集成性；通过挂图作战、全过程管理聚焦实战性；通过条块联动、部门协同凸显统筹性，力争实现第一时间发现项目、第一时间传递信息、第一时间匹配资源、第一时间解决问题。面对新冠肺炎疫情带来的严峻考验，2020年上半年，浦东新区实现金融业增加值2022亿元，同比增长7.5%，占新区GDP的33.9%，占全市金融业增加值的58.2%；金融业引进外资7.97亿美元，同比增长一倍。

良好的金融生态和营商环境，完善的要素市场、健全的产业链、高素质的人才队伍、优质的政府服务，吸引了大量金融机构入驻浦东。截至2020年8月底，浦东新区持牌机构总数达到1098家。今年以来，一大批重量级金融机构纷至沓来：基于平安集团的金融科技力量，致力于打造国内领先的科技型消费金融公司——平安消费金融有限公司在浦东开业；注册资金114.56亿元的民生证券总部正式搬迁至浦东，并与多家上海市属和浦东区属国企签订了战略入股协议；首家在北京以外设立的国家级母基金——国家中小企业发展基金，以及代表三峡集团参与推动长江经济带发展和长三角一体化发展等国家战略的长江三峡投资管理有限公司也陆续在浦东成立。此外，上海城投集团财务有限公司、民生基金管理有限公司等重要持牌金融机构也先后落地。与此同时，浦东大力推进金融科技产业发展，培育和引进了一批优秀的金融科技企业，2020年7月，央行上海总部公布的上海金融科技创新监管试点首批应用名单中，首批8个创新应用项目中有7个牵头主体为浦东持牌金融机构和科技公司。

三、推进上海自贸试验区招商的建议

（一）借鉴复制经验，尽快在投资环境上形成比较竞争优势

1. 建立对接机制

自贸区挂牌运作以来，上海方面和国家有关部委正在陆续制定出台与之配套的

海关、税务、金融、管理、土地等政策细则，各相关部门和地区应密切关注跟踪，形成条块结合、整体联动的对接机制。一是建立与上海自贸区管委会之间的直接联系机制，及时掌握有关工作进展情况。二是各地发改、商务、海关、国检、金融等部门，与上海对应有关部门保持密切联系，第一时间掌握动态信息。三是有关部门要加强与国家相关部委条线联系，及时了解自贸区制度创新，做好相关研究，提出条线对接办法和意见。

2. 推进制度创新

由于金融国际化需要中央顶层设计，各地可以学习借鉴自贸区在贸易便利化、投资自由化和行政精简化上的单个措施，加大向上争取力度，先行先试，积累经验。学习借鉴自贸区“负面清单”投资管理模式，进一步优化现有投资目录，尤其是对有利于现代产业名城的重大项目应尽可能地降低门槛、放宽准入、削减规费。部分外商投资企业可试行备案制，将监管重点从“事前审批”转向“事后监管”。可尽快研究制定“一次申报、一次查验、一次放行”联合通关协作操作细则。

3. 优化投资环境

良好的投资环境是招引项目落户的关键因素。进一步完善和用好国家在产业、税收、土地、中介奖励等方面的招商引资优惠政策，制定与之相配套的实施细则，尽最大努力优化政务环境。在广大干部中倡导重商、亲商观念，鼓励干部敢于、善于与私营企业老板交朋友，主动为各路商家提供服务。

（二）打造发展平台，尽快在承接载体上形成比较竞争优势

1. 创建综合保税区

综合保税区是目前国内除自贸区外，政策优势最明显的特殊监管区域。出口加工区与自贸区同属海关特殊监管区域，有条件先平移复制自贸区在投资开发、监管创新等方面可复制推广的政策措施，海关、商检等部门可按照成熟一项、复制一项的要求，积极将自贸区建设成果引入出口加工区。

2. 建设“区中园”

通过设立“区中园”与自贸区及上海各大开发区形成联动，定向招引自贸区及上海转移的优质项目及溢出的关联项目到“区中园”落户，促进集聚集约发展。首先要做好以下五个方面的前期工作，提升项目承载能力和产业集聚功能，构筑投资成本落差。一是先期做好“区中园”的征地动迁、基础设施开发。二是设定“区中园”投入产出率，规范审批用地需求。三是成立“区中园”政府融资担保平台，为在“区中园”落户的部分中小企业提供融资担保。四是合理确定“区中园”的地价，平衡基础设施建设成本。五是“区中园”新增税收收入地方留成部分，用于“区中园”建设。

（三）改进方式方法，尽快在招商模式上形成比较竞争优势

1. 开展产业链招商

围绕本地成熟的产业体系和港口物流、生态旅游、服务外包及农产品加工等产业，全面展开对沪产业链招商攻势。一是成立由产业主管部门组成招商项目编报小组，对行业龙头企业进行摸底调查，全面掌握各个产业的垂直供需链和横向协作链情况，收集协作配套信息，为开展产业链招商提供科学依据。二是根据各自的产业优势，针对性地制定各产业链招商规划、招商方案和考核体系，避免招商产业选择的盲目性和恶意竞争。三是针对自贸试验区建设和上海“四个中心”建设在金融服务、研发设计、知识流程等服务外包上的“溢出项目”，聘请专业机构编制服务外包完整产业链，策划一批项目向沪推介。

2. 创新项目招引方式

借力自贸试验区推进对沪招商与以往的重点产业、重点区域、重点项目招商有所不同，必须创新项目招引方式。抽调精干力量，组建驻上海招商联络站，专司招商工作，重点寻求要转移的项目信息源。由于上海自贸区建设涉及大量的专业知识，特别是在招引自贸区建设催生的后台数据支撑、技术服务、维修检测等关联项目上，可委托专业中介机构进行招商引资，提高招商引资成功率。由于上海自贸区建设会产生大量金融、物流等方面的服务外包项目，这些项目也应纳入

招商引资的范围。

3. 强化项目推进机制

打造快速决策协调通道，及时协调解决签约项目在落户过程中的土地、拆迁等难题。将通过快速通道协调后解决问题的项目，在具体实施的过程中进一步加大协调服务力度，力求早建设、早投产、早达效。根据招引项目产业分类，发改、商务、科技、财政等相关部门要积极结合自身职能，做好包装策划工作，为项目争取国家、省等各类专项扶持资金。

第十章

我国自贸试验区建设取得的成绩、问题及展望

第一节　我国自贸试验区的特点和取得的成绩

一、我国自贸试验区的特点

我国设立自贸试验区的初衷是推动对外开放、倒逼改革，通过差别化探索，试验出有针对性、可复制的制度创新经验。总体来看，我国自贸试验区主要有四个特点：

一是促进贸易和投资便利化。贸易便利化方面，自贸试验区优化通关和监管手续，提高货物流动效率，同时推动服务贸易创新发展；投资便利化方面，大幅减少对外商投资的限制，在航运、商贸、文化等多领域扩大准入范围。

二是重视金融领域开放创新。各自贸区的总体方案都将“深化金融领域开放创新”作为主要任务之一，提出在风险可控前提下，围绕服务实体经济的目标，扩大人民币跨境使用。

三是强调创新经验复制推广。自由贸易试验区设立之初即包含试验示范目的，“边试点、边总结、边推广”是自贸试验区工作的重要原则。自贸试验区打造制度创新高地，发挥示范带动、服务全国的积极作用，促进了各地区共同发展。

四是积极对接国家重大战略。各自贸区建设的指导思想、战略定位和发展目标都主动与“一带一路”建设、京津冀协同发展、粤港澳大湾区建设、长三角一体化发展、东北振兴、西部大开发等重大国家战略寻求结合点，因地制宜发挥支点作用。

二、取得的成绩

（一）自贸试验区范围不断扩大，实现由点到面

2013年以来，我国已分6批设立了21个自贸区，所辖片区数量达到70个，覆盖49个城市。自贸区建设基本完成了“由点到线、由线及面”的全方位布局，构建起“东中西协调、南北兼顾、江海陆边联动”的对外开放新格局。拥有自贸区的21个省份，GDP 总量和人口总量分别占全国的87.5%和83.1%（2019年数据），目前还没有自贸区的省份（不含港澳台）只剩下10个：江西、贵州、山西、宁夏、甘肃、青海、新疆、西藏、吉林、内蒙古。

各自贸区的实施范围基本上在120平方公里左右，只有三个例外。一是海南自贸港，实施范围为全岛；二是上海自贸试验区，原实施范围120.7平方公里，在2019年8月又成立临港新片区（873平方公里，先行启动119.5平方公里）；三是浙江自贸试验区，原实施范围120平方公里，在2020年9月扩展到约240平方公里。随着北京、湖南、安徽三地新自贸试验区的落地，我国自贸试验区的版图从前期的“1+3+7+1+6”，进一步扩容为“1+3+7+1+6+3”，呈现出“雁阵引领、东中西协调、陆海统筹”的对外开放新格局。

（二）自贸试验区进行一系列便利化措施，取得显著成绩

中国自贸试验区成立以来，服务国家战略，围绕“贸易便利化”“投资管理制度便利化”“金融制度创新”“行政职能转换”等方面，对自贸试验区的建设与管理进行了系列探索，取得了显著成绩。

贸易便利化方面，主要有三个创新亮点。一是各自贸试验区陆续建立和运行国际贸易“单一窗口”，简化、合并通关手续，大幅压缩口岸通关时间，提高货物流动效率；二是不断优化货物分类监管手段，允许企业对保税货物、国内货物进行同库经营和集约化运作，降低企业运营成本；三是积极培育贸易新业态和新功能，跨境电商、文化艺术保税等产业获得快速发展。

投资便利化方面，自贸试验区设立前，每个外资企业想要进入中国都要经过政

府的“逐案审批”，否则不能设立；自贸试验区设立后，开始实施外资准入前国民待遇加负面清单管理模式。目前管理方式已由审批变为备案变为信息报告，外资企业注册流程进一步简化。2013年我国推出的第一张自贸试验区外资负面清单中，限制或禁止外资进入的行业达190项，而2020年最新公布的负面清单中，限制或禁止外商投资的行业只有30项，和第一张清单相比下降了80%。

通过积极探索管理模式创新、促进贸易和投资便利化，自贸区加速吸引资本、人才、技术等生产要素集聚。商务部数据显示，前五批18个自贸区的面积加在一起不到全国国土面积的0.4%，但2020年上半年进出口总额达2.2万亿元人民币，占全国的15.6%；实际利用外资807.8亿元人民币，占全国的17.1%。

金融制度创新方面，通过创建有利于风险管理的账户体系、探索投融资汇兑便利、扩大人民币跨境使用、稳步推进利率市场化、深化外汇管理改革等一系列金融制度改革。通过金融开放创新，在金融服务实体经济、加速金融机构集聚、深化两岸金融合作、加强金融监管、共建“一带一路”等方面，产生了一系列的金融创新成果，实现对外开放新格局的有力支撑。

（三）自贸试验区积极推进制度创新，向全国复制推广了一大批改革创新经验

在中央层面，自贸试验区累计有260项制度创新经验向全国或特定区域复制推广，包括集中复制推广143项、“最佳实践案例”43个、国家有关部委自主复制推广74项。自贸试验区试点经验集中复制推广已实现常态化（每年一批）。在地方层面，据商务部不完全统计，自贸试验区已在本省份内推广了1151项制度创新经验。这些改革创新大部分集中在四大方面：以贸易便利化为重点的贸易监管制度；以负面清单管理为核心的投资管理制度；以资本项目可兑换和金融服务业开放为目标的金融创新制度；以政府职能转变为导向的事中事后监管制度。

在改革进入深水区的背景下，自贸试验区通过局部创新探索，取得成效和总结经验后进行复制推广，起到了以点带面、聚点成面的作用，推动了各地改革意识、行政效率、发展动能、经济活力不断提升，带动了全国营商环境不断优化。如从上

海自贸试验区率先开展的“证照分离”改革试点已成为我国深化“放管服”改革的重要举措。在世界银行的营商环境排名中，我国从2018年第78位上升到2019年第46位、2020年第31位。

（四）自贸试验区为推动重大国家战略落地、促进区域协调发展提供支持

自贸试验区既服务于我国对外开放总体布局，也主动服务和融入“一带一路”建设、京津冀协同发展、粤港澳大湾区建设、长三角一体化发展、东北振兴、西部大开发等重大国家战略。如北京、天津、河北自贸试验区在区域通关一体化、产业和人才承接等方面进行了诸多创新，推动京津冀协同发展；广东自贸试验区不断深化与香港和澳门在经济民生等多领域的深层次合作，推动粤港澳大湾区建设；四川、重庆自贸试验区引领和带动西部地区对外开放；黑龙江自贸试验区强化与俄罗斯的经贸合作，辽宁、山东自贸试验区拓展与日韩的经贸合作，都积极打造东北亚开放合作高地，深度参与“一带一路”建设。同时，部分自贸试验区推动特色产业加速集聚，对区域经济发展起到了明显的辐射带动作用。如天津自贸试验区已成为全球融资租赁行业的重要集聚区，浙江自贸试验区是全国油品企业集聚度最高的地区，河南自贸试验区的跨境电商产业迅速发展等。

第二节　我国自贸试验区发展中存在的问题

一、对服务贸易的探索创新相对不足

近年来我国服务贸易逆差持续扩大，服务贸易发展水平仍然较低。为增强我国服务贸易竞争力，自贸试验区在贸易便利化方面承担的试点任务不仅包括“促进货物贸易便利化”，还包括“推动服务贸易创新发展”。但从目前的实践情况来看，自贸试验区依托海关特殊监管区域，在货物贸易便利化方面积累了大量改革创新经验，而针对服务贸易创新发展的探索相对不足。

自贸试验区目前的开放领域和制度安排与旅游服务、建筑服务等传统服务贸易契合度较低，对其创新发展的促进作用有限。同时，受服务质量、服务技术等因素制约，自贸试验区货物贸易的快速发展并未带动与其紧密相关的货物保险、贸易清算结算等类型的服务贸易加速发展。自贸试验区内货物贸易与服务贸易协同发展效应尚未显现，服务贸易的发展潜力有待进一步挖掘。

二、金融领域创新成效不及预期，风险管控体系尚待完善

各自贸试验区总体方案反复提及金融开放创新需建立在完善的风险防控体系之上，可见自贸试验区在开展金融领域创新时高度重视系统性的风险，以及对自贸试验区外的广泛影响。特别是资本项目可兑换、人民币跨境使用等核心目标，虽然简化审批程序易于施行，但监管资本使用用途以及后续流向存在较大难度。因此，在已公布的自贸试验区试点推广经验中，金融领域具备影响力的成功案例仍然较为匮

乏，其他地区复制推广时也很审慎，总体上创新成效不及预期。

一方面，金融开放是贸易投资便利化的重要环节，其创新改革力度关系到自贸试验区建设成效，若无法推陈出新则难以满足自贸试验区发展需要；另一方面，自贸试验区作为我国对外开放的示范窗口，其人民币国际化使用很大程度上影响着人民币汇率及利率市场，若创新举措不够稳妥，将影响国际贸易企业和金融机构的利润及资本回报水平，并对国内经济整体带来一定冲击。因此，不同于其他领域的创新改革，自贸试验区金融创新不仅需要各地方政府在具体举措中提供建设性意见，更需要监管层面总结经验、推动新政策出台，但目前针对自贸试验区金融创新的上下联动机制尚未完全发挥功效，增加了金融开放创新的难度。

三、制度创新边际效应递减，且呈现同质化、碎片化特征

在国务院推出的6批向全国复制推广的自贸区制度创新经验中，上海自贸区首创的占到了一半，相当于其他所有自贸试验区创新经验数量之和。这说明后续成立的五批自贸试验区在制度创新上面临的难度越来越大，产生的创新边际效应明显递减。部分自贸区将吸引投资、实现经济增长视为首要目标，在招商引资、指标评比上投入大量精力，而对制度创新的研究与实践缺乏重视。

四、自贸试验区相关法律规范尚不完备

自贸试验区当前“自下而上”推动改革的方式与我国政府“自上而下”的授权管理体制之间存在一定程度矛盾，尤其是与制度创新相适应的立法程序相对滞后，对创新举措的法律保障有待健全。为规避合规风险，大部分自贸试验区选择以程序性、便利性、配套性创新为主，主要在各个非关键领域和环节上进行微调，导致创新成果呈现碎片化特征、系统集成度不够，且已出台的一些改革措施存在同质化、重复化现象。总体来看，类似国际贸易“单一窗口”、负面清单管理模式等高水平的创新举措较少，这与自贸试验区“制度创新高地”的定位存在差距。此外，自贸

试验区对国际高水平规则标准的研究、对接和试验也明显不足。

五、部分创新经验在复制推广过程中难以落地

各自贸试验区在开放基础、开放能力等方面存在较大差异，部分创新经验在复制推广过程中难以落地，如上海自贸试验区在国际金融方面的创新经验，在中西部地区不一定适用。同时，我国自贸试验区设置级别较低，与中央部委、省级政府协调能力有限，在跨部门协作落实创新举措时，往往因部门之间缺乏协同或者配套措施不能及时到位而难有成效。如国际船舶登记制度，自贸试验区虽然出台了相关政策，但国际通行的税收、管理等配套政策仍然缺失，对企业缺乏吸引力，在国际上也缺乏竞争力。

第三节　我国自贸试验区未来发展展望

一、自贸试验区或将继续扩容，迎来普惠时代

2017年以来，我国每年都推出一批新的自贸试验区，扩容步伐较快。目前还没有自贸试验区的省份为提高竞争力，都正积极申报和争取自贸试验区的设立，如内蒙古自治区和甘肃省在2019年6月出台相关政策时都提出要申报建设自贸试验区。部分已经设立自贸试验区的省份也在效仿上海和浙江，尝试将更多片区纳入本省的自贸试验区范围内。据澎湃新闻报道，广东省商务厅正推动将汕头、湛江纳入广东自贸试验区扩区范围。预计未来我国自贸试验区还将进一步扩容。

从对接国家重大战略的角度看，自贸试验区已在京津冀协同发展、长三角一体化、粤港澳大湾区建设等国家战略中发挥积极作用，但对新时代西部大开发战略的支撑还不够，目前还没有自贸试验区的10个省份（不含港澳台）中有7个位于西部地区。预计兰州、西宁等丝绸之路经济带的重要节点城市将加快设立自贸试验区。

近年来自贸试验区扩容步伐加快、“遍地开花”，有两个层面原因。中央层面，我国地域范围广、区域差异大、情况复杂，不可能让一个自贸试验区承担所有的试验任务，需要选择和新增不同的地区进行差异化探索；地方层面，各省（市）处在不同发展阶段、面临不同发展问题，其他地区成功的经验不一定能在本地发挥作用，各地都希望拥有自贸试验区这一开放创新载体，探索适合自己的创新发展道路。

二、不断推出国际货物贸易新模式

当前，中美脱钩之势未有缓解，贸易保护主义兴起，我国的出口面临较大下行压力。在这种背景下，部分自贸试验区为了扩大我国出口市场、消化国内过剩产能，正积极探索货物贸易新模式。如第五批自贸试验区中的三个沿边自贸区（黑龙江、云南、广西）针对跨境贸易推出了边民互市等新模式新平台，得到中央高度重视和大力支持，现已成为我国稳外贸工作的重要组成部分。第六批的湖南自贸试验区和浙江自贸试验区扩区方案中，又首次提出要探索“易货贸易”新模式，这在此前的18份自贸试验区建设方案中都未曾出现。以浙江为例，宁波片区有深水良港和成熟的航运体系，长三角很多大宗商品要经由宁波进出口，而义乌片区有发达的小商品经济，中央提出在浙江自贸试验区建设易货贸易服务平台，探索“小商品贸易与大宗商品贸易联动的新型易货贸易模式”，意味着两个片区可能会联动起来共同发挥效用。预计未来各自贸试验区将不断推出国际货物贸易新模式，以应对国际政治风向转变。

数据显示，2018年度中国跨境电商交易规模达9万亿元，同比增长11.6%，其中出口占比达到78.9%，占据绝对优势。这充分显示了跨境电商能够快速响应市场，整合区域资源，并促进科技创新在产业聚集内的溢出与传播，有效地提高产业聚集企业协作水平与竞争能力。比如目前河北自贸试验区中曹妃甸、正定以及雄安均已成为跨境电子商务综合试验区，集保税区、出口加工区、保税物流区、口岸的功能于一身，应积极在区内推进跨境电商物流体系建设，构建现代化物流网络，实现跨境电商批量运输，提高运输效率。

三、加快推动服务贸易创新发展

自贸试验区建设沿袭过去保税区的经验，重货物贸易，轻服务贸易，在改革的广度、深度和立体化程度等方面仍需努力。2019年我国服务贸易总体平稳，全年服务进出口总额54152.9亿元，同比增长2.8%。其中，出口总额19564.0亿元，同比增长8.9%；进口总额34588.9亿元，同比减少0.4%，服务贸易逆差下降至15024.9亿元。当前世界经济已进入以服务贸易为重点的全球化新阶段，大力发展服务贸易是我国深度融入经济全球化进程、提升全球价值链、参与全球竞争的重要途径。服务贸易是贸易高质量发展的重要标志，也是推动经济高质量发展的关键环节。

2019年北京服务贸易实现进出口额近1.1万亿元，占全国服务贸易的1/5，基础较好、优势明显。2020年中央将北京自贸试验区定位为“服务业扩大开放先行区”，就是希望充分利用北京在服务贸易方面的经验和优势，探索服务贸易发展的新途径和新模式，带动其他自贸试验区加快推动服务贸易创新发展。北京自贸试验区将在有条件的区域最大限度放宽服务贸易准入限制，为研发、执业、参展、交流、培训等高端人才提供签证便利，并创新监管服务模式。2020年9月，商务部表示将在年内出台自贸区版跨境服务贸易负面清单，加大开放力度，推动服务贸易高质量发展。

四、加大金融开放创新力度

自贸试验区在金融领域的开放创新仍存在实践探索空间。随着国际货物和服务贸易领域的开放程度进一步加大，金融服务实体经济的体系也将进一步延伸完善。自贸试验区正不断完善风险体系建设，开始探索央地合作模式，整合金融数据信息，形成动态监测预警体系，追踪管理自贸试验区内人民币兑换使用情况并进行风险提示。在风险可控的前提下，自贸试验区将探索更大范围、更大规模的人民币跨境使用。同时，利用银行、证券、保险放开外商投资限制契机，将以竞争方式促进国内金融服务业务能力提升，加强金融领域人才交流，吸引国际资本积聚，进一步增强服务实体经济能力。

五、进一步突出形成新发展格局

进一步突出差异化定位。自贸试验区的设立从第五批开始，就格外注重“差别化探索”，2020年新增的自贸试验区也都具有鲜明的定位，如北京自贸试验区承担服务贸易的试点任务，湖南自贸试验区承担中非合作的试点任务。预计各自贸试验区将更加突出不同的战略定位、改革目标和产业特色，因地制宜形成更多针对性强、实效性强、集成性强的制度创新成果。此外，第二批自贸试验区（天津、福建、广东）的试点时间于2020年到期，预计2021年会有进一步深化的方案或意见出台，针对国内外发展新形势提出新定位、新任务和新举措。2020年8月以来，商务部多次表示将赋予自贸区更大改革开放自主权，这也将有利于各地更深入地开展差异化探索，形成高质量创新成果。

突出畅通循环构建新发展格局。深化要素市场化配置改革，促进要素自主有序流动，提高要素配置效率，推动经济发展质量变革、效率变革、动力变革。北京自贸试验区加强京津冀三地技术市场融通合作，对有效期内整体迁移的高新技术企业保留其高新技术企业的资格；湖南探索设立跨省域资质和认证互认机制，企业跨省迁入自贸试验区以后，继续享有原有的资质、认证；安徽完善区内技术等要素交易市场，允许外资参与投资；浙江建立产业链“链长制”责任体系。

突出科技创新催生新发展动能。加速科技成果向现实生产力转化，提升产业链水平，维护产业链安全。北京自贸试验区探索开展去中心化的临床试验试点，简化国内生物医药研发主体开展国际合作研发的审批流程；湖南建立企业技术需求清单，促进科技成果转化中试；安徽不断深化科技成果使用权、处置权和收益权改革；浙江试点开展数据跨境流动安全评估，探索建立数据安全管理体制。

突出深化改革激发新发展活力。赋予自贸试验区更大改革自主权，破除深层次体制机制障碍，加强产权和知识产权保护，完善公平竞争制度，激发市场主体发展活力。北京自贸试验区探索国际数字产品专利、版权、商业秘密的知识产权保护制度建设；湖南开展强化竞争政策实施试点，创造公平竞争制度环境；安徽建立以人力资本价值实现为导向的分配激励机制；浙江探索取消施工图审查等工程建设领域审批制度改革。

突出高水平开放打造新发展优势。推动自贸试验区对接国际先进规则，开展规则、规制、管理、标准等制度型开放，形成国际合作和竞争新优势。北京自贸试验区试行跨境服务贸易负面清单管理制度；湖南自贸试验区放宽外商设立投资性公司申请条件；安徽自贸试验区探索建立符合国际通行规则的跨国技术转移和知识产权分享机制；浙江自贸试验区允许中资非五星红旗船开展以宁波舟山港为中转的外贸集装箱沿海捎带业务。

六、更加关注人的需求，成为城市高品质生活的样板

从前瞻性角度出发，未来自贸试验区将更加关注“人的需求”，自贸试验区的对外开放将带来就业岗位的国际化，区内人口构成将来自内地、港澳和国外等多种类型，他们的共同特点体现在对生活和就业环境的高品质追求。当商务、金融、研发等服务业实现与国际接轨之后，对人才吸引力的重要因素将是生活配套环境，包括教育、医疗和生活游憩等方面。因此，未来升级版的自贸试验区对城市的影响将不仅体现在贸易服务业上，还包括各种生活性服务业和国际接轨，在设施、体制等方面达到国际高端标准，让更多的国际化人才到自贸试验区及其所在的城市工作、生活。

七、更加关注技术变革，成为城市高质量发展的先行示范区

从未来实体经济和虚拟经济联动发展的趋势出发，自贸试验区营商环境的重大变革，催生一系列科技、金融、消费、期货交易等新型要素平台，将为自贸试验区导入新技术、新业态，尤其是人工智能、5G等前沿领域的技术创新，带动区域生产组织方式的变化。另外，伴随着自贸试验区通关、金融、税收、法律等政策创新的细化，未来自贸试验区将适应人口结构的改变，除了在公共服务和生活休闲领域实现与国际标准统一外，还将加快城市公共事务领域的改革，成为城市治理模式改革的先行示范区。

八、更关注对外赋能，成为区域的管理服务和生产组织中枢

自贸试验区占据双向开放市场的高端，其拥有的特殊政策决定了自贸试验区在城市和区域功能组织中发挥关键性作用。自贸试验区更加强化集聚金融贸易等高等级功能，并以新型平台组织外围的生产服务要素空间。一方面，与境外的资金、信息、人才、技术等方面充分对接，促进要素的自由流动；另一方面，对接境内所在城市和区域的各类园区，将部分原属于自贸试验区内的功能外溢到区域中进行组织，形成合理的功能分工，实现更加高效的协调发展。

参考文献

[1] 成思危 . 从保税区到自由贸易区：中国保税区的改革与发展 [M]. 北京：经济科学出版社 ,2003.

[2] 李泊溪 . 周飞跃 , 孙兵 . 中国自由贸易园区的构建 [M]. 北京：机械工业出版社 ,2013.

[3] 汪祷 , 于银杰 . 新加坡的产业发展特色 [J]. 亚太经济 ,2004(1):26—28.

[4] 刘旭 . 自由贸易港区管理体制与运营模式研究 [D]. 南开大学 ,2009.

[5] 郭建军 . 新加坡外向型经济全球化进程 (1965—2010)[M]. 北京：社会科学文献出版社 ,2012.

[6] 国务院关于印发中国（福建）自由贸易试验区总体方案的通知（国发〔2015〕20 号）.

[7] 顾钰民 . 中国保税区 [M]. 北京：中国经济出版社 ,2012.

[8] 刘助仁 . 中国保税区及其发展构想 [J]. 国际贸易问题 ,1995(9):17—21.

[9] 世界银行 .2013 营商环境报告 [P].

[10] 中国物流与采购联合会 . 中国物流年鉴 (2002—2011)[M].

[11] 宋炳良 . 港口功能定位与国际航运中心建设 [J]. 上海经济研究 ,2000(4).

[12] 蔡磊 . 新加坡共和国经济贸易法律指南 [M]. 北京：中国法治出版社 ,2006.

[13] 新加坡资讯服务私人有限公司 . 新加坡商务手册 [M]. 北京：中国财经出版社 ,2006.

[14] 黄来纪 . 公司法律制度比较研究 [M]. 北京：法律出版社 ,2012.

[15] 商务部 .2013 对外投资合作国别（地区）指南（新加坡 , 中国香港)[M].

[16] 朱桂方 . 出口结构相似度与中国－东盟双边贸易拓展分析 [J]. 求索 ,2010(10):23—25.

[17] 杨亚非 . 北部湾经济区推进中国与东盟加强商贸合作的战略思考 [J]. 改革与开放 ,2013(2):19—20.

[18] 蒋瑛 , 郭砚灵 . 中国－东盟自由贸易区下双边贸易关系分析 [J]. 广东社会科学 ,2005(5):38—43.

[19] 吴凤娇 . 中国－新加坡贸易竞争性和互补性的实证分析 [N]. 对外经济贸易大学学报：国际商务版 ,2006(6):21—25.

[20] 对外投资合作国别指南——新加坡 [R]. 商务部国际贸易合作研究院 ,2012.

[21] 李敏 . 美国纽约港自由贸易园区发展实践及其启示 [J]. 改革与战略 ,2015(8):202—204.

[22] 付亦重 , 杨嫣 . 美国内陆自由贸易区监管模式及发展研究 [J]. 国际经贸探索 ,2016(8):53—63.

[23] 董岗 . 美国自由贸易区的运行机制及政策研究 [J]. 江苏商论 ,2013(11):52—54.

[24] 殷为华 , 杨荣 , 杨慧 . 美国自由贸易区的实践特点透析及借鉴 [J]. 世界地理研

究,2016(4):30—39.
[25] 周汉民.我国四大自贸区的共性分析,战略定位和政策建议[J].国际商务研究,2015(7):36—46.
[26] 田毕飞,李伟.内陆自贸区的建立与评价研究——以武汉为例[J].国际商务研究,2015(7):47—55.
[27] 梁经伟,文淑惠,方俊智.中国－东盟自贸区城市群空间经济关联研究[J].地理科学,2015(5):521—528.
[28] 赵波.自贸区产业外溢背景下的上海浦东新区空间对接研究[J].上海城市规划,2014(4):56—60.
[29] 倪外.国际先进自贸区核心竞争力构成及其启示研究[J].世界地理研究,2015(3):126—133.
[30] 蔡春林.广东自贸区建设的基本思路和建议[J].中国经贸,2015(1):15—21.
[31] 李红,方冬莉.中国—东盟自贸区边境效应实证分析——以滇桂对越进出口为例[J].世界地理研究,2011(3):27—33.
[32] 金维雄.自由贸易试验区的概念辨析[J].环渤海经济瞭望,2019(07):45.
[33] 李猛.中国自贸区法律制度的构造及其完善[J].上海对外经贸大学学报,2017(2):45—60.
[34] 李伟侠,赵鹏举,裴兆斌,刘中梅.上海自由贸易试验区管理创新对辽宁省的重要启示[J].沈阳农业大学学报(社会科学版),2018(5):531—536.
[35] 陈奇星.强化事中事后监管:上海自贸试验区的探索与思考[J].中国行政管理,2015(6):25—28.
[36] 邹赫,程健.负面清单与上海自由贸易试验区外资管理模式探索[J].现代管理科学,2015(4):48—50.
[37] 梁莺.上海自贸区"负面清单"管理模式初探[J].经济研究导刊,2014(23):300—302.
[38] 姜爱华,辛婷.优化营商环境背景下促进政府采购公平竞争的思考[J].中国政府采购,2020(10):49—56.
[39] 张军.依托大数据技术优化营商环境对策研究[J].经济研究导刊,2020(28):114—115.
[40] 李朝.中国营商环境评估的实践偏差及其矫正[J].中国行政管理,2020(10):106—114.
[41] 王智新."一带一路"沿线国家数字贸易营商环境的统计测度[J].统计与决策,2020(19):47—51.
[42] 施元红.我国自由贸易试验区负面清单管理模式探讨[J].对外经贸实务,2018(11):61—64.
[43] 张彩云,林志刚.上海自由贸易试验区负面清单管理实践现状,问题及对策[J].湖北经济学院学报:人文社会科学版,2017(10):23—25.

[44] 陈强."放,管,服"的法治实践——以四川自贸区川南临港片区企业开办"小时清单制"为例 [J]. 辽宁省社会主义学院学报 ,2019(3).
[45] 王湘军.国家治理现代化视域下"放管服"改革研究——基于5省区6地的实地调研 [J]. 行政法学研究 ,2018(4):106—115.
[46] 霍岩.相对集中行政审批模式探索与创新——以川南临港片区行政审批局为例 [J]. 中阿科技论坛(中英文),2020(6):129—131.
[47] 成都天府新区自贸区营商环境中政务服务调查研究 [D]. 樊宇星.电子科技大学 ,2020.
[48] 杨欣,王淑敏.<贸易便利化协定>单一窗口条款对我国的影响及对策研究 [J]. 上海对外经贸大学学报 ,2017(6):5—15.
[49] 胡加祥.上海自贸区三周年绩效梳理与展望 [J]. 东方法学 ,2017(1):141—152.
[50] 尹晨,周思力,王祎馨.论制度型开放视野下的上海自贸区制度创新 [J]. 复旦学报:社会科学版 ,2019(5):175—180.
[51] 姚辰."监管沙盒"的国际探索与中国选择——以上海自贸区为试点探索建立中国式"监管沙盒" [J]. 浙江金融 ,2019(1):68—76.
[52] 李妳.上海自贸发展及未来自贸区 FT 账户发展建议 [J]. 市场研究 ,2019(8):64—65.
[53] 饶慧君,刘李.上海自由贸易账户体系建设对天津自贸创新的启示 [J]. 华北金融 ,2019(12):34—37.
[54] 张明,郑联盛.上海自贸区如何深入推进金融创新 [M]. 北京:社会科学文献出版社 ,2018.
[55] 周奇,张涌.中国(上海)自贸试验区制度创新与案例研究 [M]. 上海: 上海社会科学院出版社 ,2016.
[56] 徐奇渊,毛日昇,高凌云,董维佳.中国自贸区发展评估 [M]. 上海:上海社会科学出版社 ,2018.
[57] 韩晓宇,王力,黄育华,吴迪.中国自贸区发展报告 (2018–2019)[M]. 上海:上海社会科学院出版社 ,2019.
[58] 中国人民银行关于金融支持中国(上海)自由贸易试验区建设的意见.银发〔2013〕244 号.
[59] 中国(上海)自由贸易试验区分账核算业务风险审慎管理细则(试行).银总部发〔2014〕46 号.
[60] 关于进一步拓展自贸试验区跨境金融服务功能支持科技创新和实体经济的通知.银总部发〔2014〕 46 号.
[61] 全面深化中国(上海)自由贸易试验区改革开放方案.国发〔2017〕23 号.
[62] 上海市贯彻落实国家进一步扩大开放重大举措加快建立开放型经济新体制行动方案.沪府发〔2017〕26 号.
[63] 中国(上海)自由贸易试验区临港新片区总体方案.国发〔2019〕15 号.
[64] 王爱俭,林文浩,刘玚,刘通午,王文刚,李向前,王学龙.天津金融发展报告 (2019)[M]. 北京:社会科学文献出版社 ,2020.

[65] 孔德昌．天津金融发展报告 (2016)[M]. 北京：社会科学文献出版社 ,2017.
[66] 中国（天津）自由贸易试验区总体方案．国发〔2015〕19 号．
[67] 人民银行关于金融支持中国（天津）自由贸易试验区建设的指导意见．国发〔2015〕19 号．
[68] 关于加快我市融资租赁业发展的实施意见．津政发〔2015〕2 号．
[69] 商务部国家税务总局关于从事融资租赁业务有关问题的通知．商建发〔2004〕560 号．
[70] 关于天津等 4 个自由贸易试验区内资租赁企业从事融资租赁业务有关问题的通知．商务部税务总局〔2016〕90 号．
[71] 进一步深化中国（天津）自由贸易试验区改革开放方案．国发〔2018〕14 号．
[72] 中国（天津）自由贸易试验区创新发展行动方案．津政办发〔2019〕37 号．
[73] 中国（福建）自由贸易试验区总体方案．国发〔2015〕20 号．
[74] 关于支持福建自贸试验区跨境电商，保税展示交易，转口贸易，商业保理等重点业态发展的若干措施．闽自贸办〔2015〕11 号．
[75] 中国人民银行关于金融支持中国（福建）自由贸易试验区建设的指导意见．银发〔2015〕373 号．
[76] 关于进一步推进中国（福建）自由贸易试验区改革创新三十五条措施的通知闽政发〔2018〕27 号．
[77] 中国国际经济交流中心，中国智库经济观察 (2017)[M]. 北京：中国社会科学院 ,2018.
[78] 施志源，戴双兴，邹文杰，余珊，，余兴，王珍珍，黄茂兴，中国（福建）自由贸易试验区发展报告 (2019—2020)[M]. 北京：社会科学文献出版社 ,2020.
[79] 李慧杰．福建自贸区第五批 40 项改革创新成果公布 [DB/OL]. 福州日报 2017-09-05.
[80] 杜燕飞，李慧杰．福建自贸区福州片区：进出口逆势增三倍 [DB/OL]. 中国侨网 2020-09-08.
[81] 王玉萍，李慧杰．福建自贸区 5 年推 410 项创新举措 近四成全国首创 [DB/OL]. 福州日报 ,2020-04-22.
[82] 韩剑．新发展格局下上海自贸区的定位与担当 [J]. 人民论坛 ,2020(27):26—29.
[83] 舒朝普．中国自贸试验区的“四川样本 [J]. 服务外包 ,2019(1):46—50.
[84] 唐坚．上海自贸区金融业全方位对外开放创新研究 [J]. 上海商业 ,2019(9): 14—18.
[85] 龚星宇，罗茜．四川自贸区发展思路研究——基于产业链金融创新 [J]. 经贸实践 ,2018(3),14—18.
[86] 伍长南．福建自贸试验区产业发展研究 [J]. 东南学术 ,2015(5):104—110.
[87] 黄南．上海自贸区建设与长江经济带开放型经济发展 [J]. 中国发展 ,2015(4):20—25.
[88] 钟瑛．对上海自贸区改革试点的五点思考 [J]. 中国经济时报 ,2014(6).
[89] 范德成，潘霞．关于构建招商引资环境评价指标体系的思考 [J]. 河北学刊 ,2007(3).186—189.

[90] 李奕雄，刘让友．关于政府在招商引资中角色定位的思考[J]. 湖南第一师范学报，2007(3):150—151.

[91] 刘海云，李清．协同联动促京津冀产业高质量发展[N]. 经济日报（理论版），2014-6-23(A06).

[92] 刘海云．以自贸试验区建设为契机，推动京津冀高质量协同发展——2020 京津冀协同发展参事研讨会综述[J]. 河北经贸大学学报，2019(6):3.

[93] 李清，温可依，刘海云．利用自贸区联动，从促进京津冀协同发展[J]. 商业经济，2020(1):13.